全国高等院校教育硕士规划用书

信息技术与化学课程整合教程

陆 真 编著

科学出版社
北京

内 容 简 介

本书共15章,包括信息技术在教育中应用的理论与教学结构、信息技术与课程整合的教学模式和教师信息素养构成、信息技术与化学课程整合的应用、信息技术与化学课程整合的工具软件介绍四部分内容。通过"理论学习—方法与模式—素养需求—实践示例—工具软件使用"的学习路径,有效地培养和提升学习者在信息技术与化学课程整合领域的素养和能力。

本书可作为在化学教师教育培养中开设信息技术在化学教学中应用的相关课程和活动的教学用书或参考书,适用于高等师范院校化学教育专业本科生和硕士研究生的培养,也可用于在职化学教师的培训和课程进修。

图书在版编目(CIP)数据

信息技术与化学课程整合教程/陆真编著. —北京:科学出版社,2016.11

全国高等院校教育硕士规划用书

ISBN 978-7-03-050520-0

Ⅰ. ①信… Ⅱ. ①陆… Ⅲ. ①中学–计算机课–教学研究–研究生–教材②中学化学课–教学研究–研究生–教材 Ⅳ. ①G633.672 ②G633.82

中国版本图书馆CIP数据核字(2016)第265140号

责任编辑:丁 里/责任校对:张小霞
责任印制:徐晓晨/封面设计:陈 敬

科学出版社 出版
北京东黄城根北街16号
邮政编码:100717
http://www.sciencep.com

北京教图印刷有限公司 印刷
科学出版社发行 各地新华书店经销

*

2016年11月第 一 版 开本:720×1000 B5
2017年 7 月第二次印刷 印张:12 3/8
字数:243 000
定价:59.00元
(如有印装质量问题,我社负责调换)

前　言

　　从 20 世纪 90 年代中期以来，信息技术以全面渗透的形式介入教育教学过程——课程教学整合阶段，已成为国际教育改革的重点研究方向和课题之一，从信息技术师资培训、硬件设备、教学网络软件、课程情境创设等方面开展了系统的研究、探索和实践。面对挑战和机遇，对于承担职前培养和职后培训中学化学教师的高等学校与教学研究机构而言，如何在实施化学新课程的教育教学过程设计中应用信息技术不断地创新、拓展和设计出新的教学模式及教学环节，从而有效地促进学生化学科学素养的达成与化学教学质量的提高，就成为研究和关注的热点。

　　自 1998 年以来，南京师范大学化学教育研究所相继给高等师范化学教育专业的本科生、硕士研究生、教育专业硕士研究生和国家级、省级化学骨干教师培训进修班的化学教师开设了"计算机辅助教学"、"多媒体技术在化学教学中的应用"、"信息技术基础与在化学教学中的应用"、"信息技术与化学教学的整合"等系列课程，进行了信息技术与化学课程整合的探索与建设。试图站在信息化社会的高度，用全新的观点和视野加以审视，努力从符合人类的认知规律，对 e-education 做出阐释。探索从传统的以考试为中心的思维定式向新型的教育理论、教学模式转变的途径，从而达到培养新型师资人才的目的。

　　本书共 15 章，包括信息技术在教育中应用的理论与教学结构、信息技术与课程整合的教学模式和教师信息素养构成、信息技术与化学课程整合的应用、信息技术与化学课程整合的工具软件介绍四部分内容。通过"理论学习—方法与模式—素养需求—实践示例—工具软件使用"的学习路径，有效地培养和提升学习者关于信息技术与化学课程整合的素养和能力。

　　信息技术与化学课程整合是一个广阔和动态的研究领域，课程仅对其诸多因素中的一部分，从化学课程与教学论的角度在三个方面进行了研究和学习。本书侧重于整合的知识和教学中应用基础部分的培训和实践，对近年来新的创新与进展，如微型课程、慕课（MOOC）、翻转课堂和精品课程等没有给予介绍，其视野与学习深度都没有达到更高的水平，存在着许多不足，有待从多方面的理论研究与实践中寻求指导性和应用性更好的整合理论、模式、方式和过程。

　　整合课程的开设和本书的编写得到了南京师范大学研究生院的贺素琪老师，

科学出版社的杨红、丁里两位编辑的关心、指导与大力帮助。谨对书中文献所涉的专家、作者一并致以诚挚的谢意。

  限于编者水平,书中难免存在疏漏和不足之处,恳请专家、同行和读者批评指正。

陆 真

2016 年 9 月于南京师范大学

目 录

前言
绪论 ·· 1
  0.1 课程研究的起源 ··· 1
  0.2 课程研究的思路 ··· 4
  0.3 课程设置的目的 ··· 4
  0.4 课程研究的主要内容 ··· 4
  参考文献 ·· 5

第 一 篇

信息技术在教育中应用的理论与教学结构

第1章 信息技术与课程整合的发展和现状 ··· 9
  1.1 计算机技术在教育中应用的历史溯源 ··· 9
  1.2 整合与课程整合的概念 ·· 11
  1.3 信息技术与课程整合的概念和目标 ·· 11
  1.4 信息技术与课程整合的形式和寓意 ·· 12
  1.5 信息技术与课程整合的国际发展和现状综述 ·· 13
  1.6 中国教育信息化与课程整合现状和发展 ·· 21
  1.7 信息技术与课程整合的新发展——手持技术在实验教学和研究性学习中的应用 ·· 24
  1.8 信息技术在科学教育质量监测中的应用受到重视 ··································· 26
  1.9 信息技术与课程整合的应用领域的拓展 ·· 26
  参考文献 ·· 28

第2章 信息技术与课程整合的教学理论 ·· 29
  2.1 理科教育中的现代教学论思想 ··· 29
  2.2 信息技术与课程整合的基本策略和空间 ·· 35

  2.3 互联网环境下的研究性学习——WebQuest ································ 38
  2.4 ThinkQuest——以教育网站形式体现的网络学习新方式 ················ 44
  参考文献 ·· 46
第 3 章 信息技术与课程整合的教学设计和结构理论 ·· 48
  3.1 信息技术与课程整合教学设计理论和实践的发展趋势 ··················· 48
  3.2 信息技术与课程整合的教学结构和基本属性 ······························· 50
  3.3 以教为中心的教学设计结构与分析 ·· 51
  3.4 以学为中心的教学设计结构 ··· 57
  3.5 "主导—主体"教学设计结构、流程与特点 ································ 62
  参考文献 ·· 66

第 二 篇

信息技术与课程整合的教学模式和教师信息素养构成

第 4 章 信息技术与课程整合的教学模式 ·· 71
  4.1 教学模式的结构和特点 ··· 71
  4.2 基于问题的学习模式 ·· 72
  4.3 基于项目的学习模式 ·· 75
  4.4 网络个性化学习模式 ·· 77
  4.5 合作学习模式 ··· 78
  4.6 探究型学习模式 ·· 80
  4.7 基于资源的学习模式 ·· 82
  4.8 基于案例的学习模式 ·· 83
  4.9 "概念的归纳—获得"教学模式 ·· 85
  参考文献 ·· 87
第 5 章 化学教师信息技术素养的构成和培养方案 ··· 89
  5.1 信息技术与化学课程整合教学现状的调查、分析与思考 ················ 90
  5.2 化学教师信息素养构成 ··· 93
  5.3 化学教师信息素养培养方案的制订 ·· 95
  5.4 化学教师信息素养与能力培养方案的实施 ································· 96
  5.5 化学教师信息素养与能力培训成果的调查反馈 ··························· 98
  参考文献 ·· 100

第 三 篇

信息技术与化学课程整合的应用

第 6 章　自主-探究型学习网络课程设计、结构与制作 …………………… 103
  6.1　网络课程的含义和分类 ……………………………………………… 103
  6.2　网络课程的教学功能作用 …………………………………………… 103
  6.3　网络课程教学设计原则和要求 ……………………………………… 104
  6.4　自主-探究型网络学习课程的结构与设计 ………………………… 105
  6.5　自主-探究型网络课程的设计构成 ………………………………… 106
  6.6　自主-探究型网络课件的制作案例 ………………………………… 108
  6.7　自主-探究型网络课程的制作和实施 ……………………………… 113
  参考文献 ……………………………………………………………………… 116

第 7 章　互联网化学教学资源搜索和查询系统软件的设计和制作 …… 118
  7.1　互联网化学教学资源和信息查询系统的需求 …………………… 118
  7.2　"中学化学教学助手"网络化学教学资源查询系统软件的设计、结构
　　　 与功能特点 ……………………………………………………………… 120
  7.3　"助手"使用实例 ……………………………………………………… 122
  7.4　"助手"软件的获取与使用方式 ……………………………………… 124
  参考文献 ……………………………………………………………………… 125

第 8 章　国内外优秀化学教学资源网站的分类介绍 …………………… 126
  8.1　国内优秀化学教学资源网站的分类介绍 ………………………… 126
  8.2　国外优秀化学教学资源网站的分类介绍 ………………………… 131
  参考文献 ……………………………………………………………………… 136

**第 9 章　应用思维导图提高学生解决化学问题的能力——化学教学转型探索的
　　　　　 行动研究** ……………………………………………………………… 137
  9.1　关于思维导图的发展和应用化学问题解决能力的研究背景 …… 137
  9.2　关于对化学问题解决能力教学的理解 …………………………… 141
  9.3　思维导图制作软件 Mind Manager ………………………………… 144
  9.4　应用思维导图开展化学问题解决研究的方法与过程 …………… 144
  9.5　行动研究的结果与讨论 ……………………………………………… 147
  参考文献 ……………………………………………………………………… 150

第 10 章　基于信息技术的数字化视频教学案例研究——课堂结构建模 … 151
  10.1　数字化视频教学案例研究的进展 ………………………………… 151

10.2 Videograph 软件简介 ·················· 151
10.3 研究过程 ·················· 152
10.4 对教学视频案例分析数据的解读 ·················· 154
10.5 化学理论课堂教学结构模型的初步构建 ·················· 155
参考文献 ·················· 157

第 四 篇

信息技术与化学课程整合的工具软件介绍

第 11 章 ACD/ChemSketch10.0 简介与应用 ·················· 161
 11.1 ACD/ChemSketch 软件简介 ·················· 161
 11.2 ACD/ChemSketch 软件的界面 ·················· 161
 11.3 ACD/ChemSketch 在化学教与学中的应用 ·················· 163
 参考文献 ·················· 163
第 12 章 IsIsDraw 软件的使用简介 ·················· 165
 12.1 IsIsDraw 软件的窗口界面 ·················· 165
 12.2 IsIsDraw 基本功能 ·················· 168
 12.3 IsIsDraw 绘图实例 ·················· 171
 参考文献 ·················· 173
第 13 章 "仿真化学实验室"简介与应用 ·················· 174
 13.1 "仿真化学实验室"简介 ·················· 174
 13.2 "仿真化学实验室"软件的界面 ·················· 175
 13.3 "仿真化学实验室"在化学教与学中的应用 ·················· 175
 参考文献 ·················· 178
第 14 章 "化学金排"软件简介与特点 ·················· 179
 14.1 "化学金排"软件简介及界面 ·················· 179
 14.2 "化学金排"的功能简介 ·················· 180
 14.3 "化学金排"在化学教与学中的应用 ·················· 182
 参考文献 ·················· 183
第 15 章 化学教学文档制作软件 Science Word 的使用 ·················· 184
 15.1 Science Word 编制化学教学文档的优势 ·················· 184
 15.2 化学反应式、实验仪器的绘制 ·················· 185
 15.3 化学实验装置图和分子原子结构图的绘制 ·················· 187
 参考文献 ·················· 190

绪 论

自 20 世纪 80 年代起，人们通过对基础教育改革与国家民族振兴历程的深刻反思，逐渐将视线聚集在 21 世纪的基础教育改革与课程发展上。与此同时，科学技术迅猛地推动着人类全面进入了信息化时代，跨世纪的教育信息化浪潮伴随着世界性新一轮的基础教育改革席卷全球。

0.1 课程研究的起源

从 2001 年起，随着我国基础教育与课程改革的启动与深入，初高中化学课程已全面进入一个崭新的、生机勃勃的新时期。对化学课程设置、课程目标体系等进行了全面深刻的变革，给化学课程的内涵和外延都赋予了新的内容。强调从知识与技能、过程与方法、情感态度和价值观三个维度诠释课程的教育功能和目标，同样对理科课程而言，更加明确地要求以培养学生科学素养为宗旨，提倡以科学探究为主的多样化学习方式，重视学习与探究的过程。全新的课程结构、课程标准和教材体系的变革与实现需要更多的、更加有效的教学技术、数字化信息资源、互动方式和及时有效的评价模型，并以信息技术作为基础平台和教育教学主要结构成分来支持这场深刻的教育改革。

以计算机为核心的信息技术的快速发展及其在教育中应用的不断拓展，使得教育、学科、课程、教学本身从目的、内容、形式、方法到结构正在发生日新月异的变化，信息技术（包含多媒体和通信技术）在教育教学领域中的应用日益广泛和深入。几十年来，信息技术在教育中的应用经历了计算机辅助教学（computer-assisted instruction，CAI）、计算机辅助学习（computer-assisted learning，CAL）和信息技术与课程整合（integrating information technology into the curriculum，IITC）三个阶段，当前我国正处于信息技术与学科课程教学整合应用的第三阶段。通过加强信息技术在教学过程中的应用和与学科课程整合来促进传统教学向现代教学理念和方式的转化已成为人们的共识。

2001 年，教育部在《基础教育课程改革纲要（试行）》中提出："大力推进信息技术在教学过程中的普遍应用，促进信息技术与学科课程的整合，逐步实现教学内容的呈现方式、学生的学习方式、教师的教学方式和师生互动方式的变革，充分发挥信息技术的优势，为学生的学习和发展提供丰富多彩的教育环境和有力的学习工具。"

2003年，教育部颁发的《普通高中化学课程标准（实验）》将以在科学探究教学中有效地应用信息技术来支持教学目标的实现作为新的改革途径和支持性平台[1]。

信息技术在教育中的应用（以下统称为"信息技术与课程的整合"）就是通过将信息技术有效地融合于各学科的教学过程来营造一种新型教学环境，实现一种既能发挥教师主导作用又能充分体现学生主体地位的以"自主、探究、合作"为特征的教与学的方式，充分发挥学生的主动性、积极性、创造性，使以教师为中心的传统课堂教学结构发生根本性改革，将学生的创新精神与实践能力的培养真正落到实处[2]。

信息技术与课程整合的目的，不是将信息技术仅仅作为辅助教与学的工具，而是强调要应用信息技术来创造一种新型的教学环境，这种教学环境应能支持和满足学科课程的情境创设、启发思考、信息获取、资源共享、多重交互、自主探究、协作学习等多方面要求，实现构建以学生为主体、教师为主导的新型课堂教学结构，达到最终培养学生创新精神与实践能力的目标。

自20世纪90年代中期以来，信息技术以全面渗透的形式介入教育教学过程——课程教学整合阶段，已成为国际教育改革的重点研究方向和课题之一，从信息技术师资培训、硬件设备、教学网络软件、课程情境创设等方面开展了系统的研究、探索和实践。

然而，国际性研究表明，信息技术硬件的大量投入，并未在学科课程特别是自然科学（理科）课程教学改革中达到预期效果，以致出现了教学条件优化，而基础教育质量却没有明显提高，甚至有下降趋势的现象。

同样，自2000年以来，我国各级政府和学校都加大了对教育信息化的投入，到2004年已建立校园网的学校由3000所上升到近50 000所，硬件设施得到大幅增长与提升。到2010年以后，大部分省市、自治区在城市基本建成了各级学校的校园网和区域教学资源网。迅速发展的信息环境却并未发挥相应的教学功能。2004年，在对南方某省的调查中，80%左右学校的校园网和计算机多媒体设备主要用于开设"信息技术教育"课程，真正应用于学科教学整合、建立新型教学结构的学校还不到5%。

2007年，对江苏省近70所高中进行信息技术教育应用现状的调查表明，在基本普及了校园网设备的条件下，经常在教学中应用信息技术的教师占45.6%，而开展与学科教学整合实践的只有4.5%；学校领导支持和教师希望深入开展信息技术与学科教学整合的要求分别为83.3%和87.5%（图0-1）。

- 以整合的观点使用
- 教学中经常使用
- 教学中偶尔使用
- 平时不用，公开课才用
- 其他

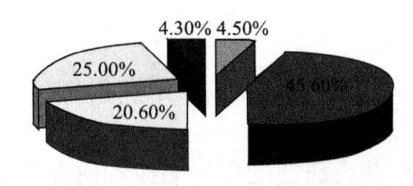

4.30% 4.50% 25.00% 20.60% 45.60%

图 0-1　信息技术与课程整合应用比例

调查还表明，96%的教师要求在培训中系统地对信息技术素养、整合的教学结构设计、教与学方式的改变、网络资源与资源库的应用等方面进行培养与实践，以求尽快提高信息技术与学科教学整合的可操作性理论水平和实践能力。

教育科学是一个开放的、具有强烈参与性的人文事业，它必须从现实教育世界中寻找丰富的原生性问题。随着信息技术的不断发展、完善，信息技术与课程教学整合领域中的教学论内容知识将会在未来的十多年内在实际指导层面上持续发展，随之而来的各类应用问题与需求也就成为我们的研究方向。

当前我国的基础教育特别是科学探究为主的新教材实施和综合实践活动中的研究性学习，迫切地需要有关信息技术与课程整合的理论、经验和案例来支持课程和教学改革的深入开展。教育部提出："学校课程可以联合高校、科研院所等共同开发；要积极利用和开发基于现代信息技术的课程资源，建立广泛而有效的课程资源网络"[2]。

教育部在最新的《中学教师专业标准（试行）（2012）》中对专业能力明确要求："将现代教育技术手段整合应用到教学中"，即能够通过教与学的过程和教学资源的开发、设计、利用、评价、管理，以实现教学的最优化。主要包含：一是各种教学手段；二是选择和组织学习过程；三是设计、实施和评价。现代教育技术应用能力包括：一是能够熟练操作计算机和使用网络，将其应用于教学和科研活动中；二是能够对各种教学信息进行甄别、评价和选择；三是能够与学科教育教学进行有机整合[3]。

2011年教育部在《教师教育课程标准（试行）》（中学职前教师）中要求："熟悉任教学科的教学内容和方法，学会联系并应用中学生生活经验和相关课程资源，设计教学活动，创设促进中学生学习课堂环境。"要求建立课程资源管理数据库，拓宽课程资源及成果，提高使用效率。网络技术的发展使课程资源、素材得以广泛交流，促进了内外部课程资源的转化和公共服务平台的建立，发挥了现代教育技术的优势[4]。

面对挑战和机遇，对于培养中学化学教师的高等学校与教学研究机构，如何在实施化学新课程中整合信息技术，不断地创新、拓展和设计出新的教学模式及教学环节，有效地促进学生科学素养的形成与创新思维的培养，就成为重要的使命。

0.2 课程研究的思路

信息技术与化学课程整合研究的理论假设和研究思路是：

（1）信息技术与课程整合应该在教学论思想的指导下，对学科教学特征、探究学习所需的情境与过程进行理论与文献分析。

（2）结合教育技术学理论，对整合的空间和教学策略进行研究。

（3）同时对学科教学和整合相关的教学设计和教学模式理论进行研究。

（4）在理论方法确定后，通过理论剖析与教学实际状况的调查研究，确定信息技术与化学课程整合的关键因素，从中选取与化学新课程和化学教育专业教学紧密相关的方向作为研究的内容。

（5）在化学课程和教学层面上展开信息技术与化学课程整合的理论与实践应用的探索，提供相应的实施方式及案例支持整合的实际应用。

0.3 课程设置的目的

信息技术与化学课程整合的课程设置目标是：

（1）通过课程的学习与实践，能够深入理解基础教育课程改革的理念、思想、科学探究方法、课程设置与课程标准。

（2）掌握整合的教学理论、各种新型教学模式、教学设计结构与组成要素。

（3）初步掌握信息技术与化学课程整合的应用领域、整合素养的构成与内容。

（4）了解和初步掌握信息技术整合工具的内容和整合步骤，能开展整合的教学设计与活动情景的创建。

（5）系统地提高化学教师信息技术与化学课程整合的能力与素养，培养他们有效教学创新的可持续发展的潜质，促进学生科学素养的形成。

0.4 课程研究的主要内容

本书共15章，包括信息技术在教育中应用的理论与教学结构、信息技术与课程整合的教学模式和教师信息素养构成、信息技术与化学课程整合的应用、信息技术与化学课程整合的工具软件介绍四部分内容。

第一篇为信息技术在教育中应用的理论与教学结构。从上位提出了信息技术与课程整合的概念与目标、整合的发展与现状；论述了整合的教学理论，包含科学教育中的现代教学论思想、信息技术与课程整合的基本策略与空间、互联网环境下的研究性学习——WebQuest 构架、以教育网站形式体现的网络学习新方式——ThinkQuest；讨论了整合的教学设计与结构，主要有整合的教学结构与基本属性、以教为中心的教学设计结构与分析、以学为中心的教学设计结构与模式、"主导—主体"教学设计结构、流程与模式。

第二篇为信息技术与课程整合的教学模式和教师信息素养构成。由整合的教学模式和化学教师信息素养的构成与培养方案两部分组成。对适合应用信息技术的 8 种典型的教学模式的结构与教学特点做了介绍；以对在职化学教师的调查为依据，确立了化学教师信息素养构成，提出了化学教师信息素养培养方案。

第三篇为信息技术与化学课程整合的应用。总结了近年来整合应用中的实践案例：自主-探究型学习网络课程设计、结构与制作；互联网化学教学资源搜索和查询系统软件的设计和制作；国内外优秀化学教学资源网站的分类介绍；应用思维导图提高学生解决化学问题的能力；基于信息技术的数字化视频教学案例研究——课堂结构建模等。

第四篇为信息技术与化学课程整合的工具软件介绍。重点介绍了使用较多的工具软件：ACD/ChemSketch10.0、IsIsDraw 软件（化学绘图）；仿真化学实验室；化学金排；化学教学文档制作软件 Science Word 等。

通过"理论学习—方法与模式—素养需求—实践示例—工具软件使用"的学习路径，有效地培养和提升学习者信息技术与化学课程整合的素养和能力。

信息技术与化学课程整合是一个广阔和动态的研究领域，课程仅对其诸多因素中的一部分，从化学课程与教学论的角度在三个方面进行了研究和学习。其视野与学习深度都没有达到更高的水平，有待从多方面的理论研究与实践中寻求指导性和应用性更好的整合理论、模式、方式和过程。

参 考 文 献

[1] 中华人民共和国教育部. 普通高中化学课程标准(实验). 北京：人民教育出版社, 2003: 21.
[2] 中华人民共和国教育部. 普通高中课程方案(实验). 北京：人民教育出版社, 2003: 7.
[3] 中华人民共和国教育部教师工作司. 中学教师专业标准解读. 北京：北京师范大学出版集团, 2013: 124-125.
[4] 中华人民共和国教育部教师工作司. 中学教师专业标准解读. 北京：北京师范大学出版集团, 2013: 129.

第一篇

信息技术在教育中应用的理论与教学结构

第1章 信息技术与课程整合的发展和现状

信息技术（包含计算机技术、通信技术和多媒体技术）的飞速发展，对人类社会、经济与生活方式产生了不可估量的影响，渗透到社会的每一个角落，成为现代社会公民的基本素养之一。人们在审视信息技术给教育带来的推动和变革，常追溯50多年来从计算机辅助教学到今天的信息技术与课程整合的历程，对信息技术给教育带来如此巨大的变化而感叹不已，试图从历史的发展进程中发现内在的变化与发展规律。

1.1 计算机技术在教育中应用的历史溯源

20世纪50年代计算机问世和应用后，表现出人机效应、动态模拟、快速运算等特征，引起人们采用计算机替代程序教学机器来实施个别化教学的设想。自1959年美国商用机器公司（简称IBM公司）研发出第一个计算机辅助教学系统以来，信息技术在教育中的应用和发展大致经历了三个发展阶段。

1.1.1 计算机辅助教学阶段

1958年IBM公司开始应用一台IBM650计算机和一台电传打字机向小学生讲授二进制算术和练习，同时研制了一种编写课件的语言(courseware-Ⅰ)。1960年，美国伊利诺斯大学的计算机辅助教学系统 PLATO（programmed logic for automatic teaching operation，简称帕拉图）研制成功，成为当时最大规模的计算机辅助教学系统。该教学系统主要以行为主义的学习理论为指导，以编写基于框面、小步骤的分支程序为主要模式来完成个别化教学任务。从20世纪60年代初至80年代中期，计算机在教育中应用主要是利用计算机的快速运算、图形动画和仿真等功能来制作计算机辅助教学（CAI）课件（courseware），这些CAI课件大多以演示和辅助教学的功能为主，用来辅助教师解决教学中的某些重点、难点问题。

1.1.2 计算机辅助学习阶段

从20世纪80年代中期至90年代中期，随着计算机技术与功能的快速发展，它对教育教学的影响作用与日俱增，逐步从计算机辅助教师的教学为主转向辅助学生的学习为主[计算机辅助学习（CAL）阶段]，理论基础也由行为主义学习理论转向认知建构学习理论。人们开始注意到学习者的内部心理过程，研究并强调学习者的心理特征与认知规律，遵循认知的信息加工理论。将学习看作是学习者根据自己的态度、需要、兴趣、爱好，利用自己原有的认知结构，对当前外部刺激所提供的信息主动做出的、有选择的信息加工过程。

安德逊（Anderson）于 20 世纪 80 年代初期根据认知学习理论提出一种思维适应控制（adaptive control of thought，ACT）方法，强调高级思维的控制过程，试图揭示思维定向与思维转移的控制机制和控制原则。将这种方法应用于构建学生认知模型，以实现对学生求解几何问题思维过程的自动跟踪与控制，并取得了成功。"高中几何智能辅助教学系统"成为这一时期运用认知学习理论指导智能计算机辅助教学系统的杰出成果。

在引入了人工智能技术构建学习者的认知模型之后，计算机能够了解学习者的学习基础、认知结构和认知策略，能够根据学习者的需求和特点进行有针对性的个别化教学。强调利用计算机作为辅助学生学习的工具，如用计算机来搜集资料、辅导答疑、自我测试、帮助安排学习计划、建立相应的教学数据库等。除辅助教师的教学外，更加强调用计算机辅助学生自主学习。互联网（internet）的出现与迅速普及对 CAI 起了巨大的促进作用，使其向更广阔和更深层次发展。

同时期计算机辅助评价（computer-assisted assessment，CAA）也开始广泛地应用于对学习者的知识、技能和能力的评价。

1.1.3　信息技术与课程整合阶段

信息技术与课程整合（IITC）的研究和应用起始于 20 世纪 90 年代中后期，也是信息技术在教育应用中的第三个发展阶段。进入 21 世纪以来，计算机、信息与通信技术的迅速发展，社会进入了信息时代，使人类在信息处理、迁移与储存、通信和网络媒体等方面发生了巨大的变化。这些变化对社会、教育、生活的发展产生了广泛的影响。信息通信技术（information and communication technology，ICT）的发展直接影响和促进了整个社会经济的发展。

2000 年 7 月 21~23 日，美国、日本、德国、英国、法国、意大利、加拿大、俄罗斯八国领导人在日本冲绳举行了首脑会议，发表了《全球信息社会冲绳宪章》，明确指出"信息与通信技术是 21 世纪社会发展的最强有力的动力之一，并将迅速成为世界经济增长的重要动力"[1]。

各国为适应信息时代对人才培养和教育提出的新要求，竞相采取了一系列举措，进行了许多卓有成效的探讨和研究，其中将信息与通信技术引入教育教学并与学科课程整合成为关注的前沿问题。开始将信息技术整合到各学科课程中，与学科教学过程紧紧地结合起来，在学习学科知识中探索培养学生信息素养能力的新教学模式。信息技术与学科课程整合的核心是信息技术运用于教育教学过程中，使教育观念、学习内容、教育形式、教学手段和方法、教育资源等方面发生根本的转变，成为今后信息技术应用于教育教学过程的主要方式[2]。

1.2 整合与课程整合的概念

整合（integration），在英语中的主要含义是综合、融合、集成、成为整体、一体化等，最早将其作为专门术语使用的是英国哲学家斯宾塞。而后，"整合"广泛地应用于生理学、心理学、人类学、社会学、物理学、数学、哲学等多学科中。

从系统论的角度讲，"整合"是指一个系统内各要素的整体协调，相互渗透，使各要素发挥最佳作用，以达到系统发挥最大效益的目的。

通常将教育、教学中的"整合"理解为教育教学系统中的各要素的整体协调、相互渗透，以发挥教育系统的最大效益。

课程整合（curricula integration）是指对课程设置、课程教育教学目标、教学设计、教学评价等要素进行系统的考虑，用整体的、联系的、辩证的观点来认识、研究各种要素之间的关系，使它们形成有机联系，并成为一个整体的过程。

狭义的课程整合通常是指：加强课程各要素之间的有机联系，形成协调、和谐的整体。

广义的课程整合通常是指：相关课程的课程目标、教学与操作内容、学习手段等课程要素之间互相渗透、互相补充，达到自然和潜移默化的程度[3]。

1.3 信息技术与课程整合的概念和目标

经过30多年的理论研究与实践和反思的探索，信息技术与学科课程整合的概念逐渐清晰和明朗。

1.3.1 信息技术与课程整合的概念

信息技术与课程整合是指：信息技术与指导学生学习的教学过程相结合，在课程教学过程中把信息技术、信息资源、信息方法、人力资源与课程内容有机结合，共同完成课程教学任务的一种新型的教学方式。

信息技术与课程整合的本质与内涵是要求在先进的教育思想、理论，尤其是主导—主体教学理论的指导下，将计算机及网络为核心的信息技术作为促进学生自主学习的认知工具与情感激励工具、丰富的教学环境的创设工具，并将这些工具全面应用到各学科教学过程中，使各种教学资源，各个教学要素和教学环节，经过整合、组合、相互融合，在整体优化的基础上产生聚集效应，从而促进传统教学方式的根本变革，达到培养学生创新精神与实践能力的目标。

信息技术与课程整合的定义可以描述为：所谓信息技术与学科课程的整合，就是通过将信息技术有效地融合于各学科的教学过程来创设一种新型教学环境，实现一种既能发挥教师主导作用又能充分体现学生主体地位的以"自主、探究、合作"为特征的教与学的方式，从而把学生的主动性、积极性、创造性较充分地发挥出来，使传统的以教师为中心的课堂教学结构发生根本性变革，从而使学生的创新精神与实践能力的培养真正落到实处。

1.3.2 信息技术与课程整合的目标

信息技术与课程整合的目标是：有效地改善学习，革新传统的教学观与学习观；改善学生的学习方式；改善学习资源和学习环境，构筑面向未来社会的学习文化；贯彻课程目标，达到课程预期效果，促进学生发展；将信息技术与课程全方位地融合，根据课程目标和学习目标来选择信息技术的应用。

信息技术与课程整合的过程要达到：培养学生学会学习的能力，形成终身学习的态度；培养学生良好的信息素养，掌握信息时代的学习方式；能够解决课程教学中难以解决的问题，提高教学的效率。

1.4 信息技术与课程整合的形式和寓意

根据信息技术与课程整合的形式，可以分为"广义整合"和"狭义整合"两种形式。"广义整合"的观点主要是指将信息技术融入课程教学的整体中，从而改变课程内容和结构，变革整个课程体系，创立信息化与数字化的课程文化。通过信息技术与课程的互动性进行双向整合，促进师生民主合作的课程与教学组织方式的实现，以人的学习为本的新型课程与教学活动方式的发展，建构起整合型的信息化课程结构、课程内容、课程资源、课程实施等，从而对课程的各个层面和维度都产生变革作用，促进课程整体的改革。

信息技术与课程整合实质上是一种基于教育信息化观点，即学科课程信息化的理念。学科课程信息化是要将信息技术融入学科课程的各个方面，使学科课程内容信息化、课程实施过程信息化、课程评价信息化。"广义整合"的观点有助于从课程整体的角度去思考信息技术的应用。

"狭义整合"则将课程等同于教学，其观点主要是认为信息技术主要作为一种工具、媒介和方法融入教学的各个层面中，运用教学设计理论和方法将教师、学生、内容、媒体系统地加以考虑，使学习内容的组合更加合理、清晰，课堂教学结构的设计更加优化。信息技术既是教师的教学工具，也是学生学习的认知工具。信息技术与学科教学融合为一个整体。

在研究与实践中，持"广义整合"的观点一般多是教育技术学专家和高校学者。而在教学第一线的学科教师和教研人员则倾向于"狭义整合"，是当前信息技术与课程整合实践中的主流观点。我们认为从整个基础教育改革的角度出发，"狭义整合"符合当前的发展趋势和实践要求，特别关注教学实践层面的问题[4]。

信息技术与课程整合是教育领域主动地适应社会发展和人才需求、培养规格的变化、自我完善和提高的过程。它将对课程和教学的各个组成都产生变革和影响。信息技术本身虽不能引发课程的变革，却是课程改革的有利促进条件。基于信息技术的现代教育技术与课程的整合本身就要求变革人们的传统课程观、教育观、教学观、学习观等，应该尊重人的独立性、主动性、首创性、反思性与合作性。信息技术与课程整合将有利于营造新型的学习型社会，营造全方位的学习环境，支持新型人才的培养。

信息技术与课程整合研究应侧重以下方面：围绕创建"新型教学结构"的核心来进行，改变学生的学习方式；整合中要注意运用"学教并重"的教学设计理论来进行课程的教学设计，既要注重信息技术作为学习工具的整合模式的探索，又要注重信息技术作为辅助教学工具的整合模式的完善与升华；整合中应重视各学科的教学资源建设；整合应根据各学科的教学特征来进行。

1.5 信息技术与课程整合的国际发展和现状综述

1.5.1 美国信息技术与课程整合的理念和实现

美国于1986年提出了"2061计划"（Project 2061），这项计划的核心目标是要大力提高全体美国人的科学文化素养，认为"科学文化素养"是由自然科学知识、社会科学知识与信息技术能力三者结合在一起的思想与能力。从高层次上提出了信息技术应与各学科相整合的思想。为了达到改革目标，在基本普及了计算机网络和数据通信的基础上，1997年美国开展了大规模的信息技术与课程整合的理论与实践研究。

1. 美国信息技术与课程整合的基本情况

由于美国教育行政实施地方分权，其教育目标、内容、课程、教科书等因地区而异，信息技术教育也呈现多元化格局。各州对信息技术教育的形式与课程要求不一，但都以培养学生的信息素养为根本目标，其中包括：培养学生的信息技术意识；培养学生的信息技术基本知识；培养学生应用信息技术解决实际问题的能力。为了克服"多元化"所造成的地区差异与学生学习差异，美国十分重视国家统一标准的研制工作，很多教育组织颁布了学生和教师的信息素养标准。例如，20世纪末在美国教育部的支持下，国际教育技术组织（International Society for Technology in Education, ISTE）就已经出版了涉及幼儿园到12年级（K-12）学生的国家教育技术标准（National Educational Technology Standards for Technology, NETS）及国家教师培训技术标准（National Standards for Technology in Teacher Preparation, NSTTP）。在全美范围内开始实施K-12年级培养信息与通信技术（Information and Communication Technology, Kindergarten to Grade 12）的教育项目[5]。

1998年，各项目组开始在各种学校进行整合试验，主要的工作是集中培训教师掌握信息技术，并鼓励教师应用信息技术进行学科教学的探索。但是年底的调查显示，虽然从总体上看，信息技术已被广泛用于教学当中，但是只有大约5%的教师在教学中将信息技术作为解决教学问题的工具，大部分教师只是利用信息技术完成一些教学的事务性工作。

1998年的年终评价报告指出，信息技术用于课程整合确实有助于学生各方面成绩的提高，但同时也出现了一些问题：不少教师未能很好地理解和掌握整合的理论和方式，过度使用信息技术，造成了人力、物力和财力的浪费。报告还提出：在正确的地方，以正确的方法使用信息技术（Place in right hands, use in right way）。同年年底又对学生和教师进行了再次测评，发现教师利用信息技术的水平仍然停滞不前，学生的学习成果也未能达到预期的目标，在某些学校甚至出现了后退现象。

对于许多教师来说，数字化内容及网络应用对教学仍然属于辅助手段。例如，5个教师中，只有不到2人能够在一般或较大程度上使用计算机或因特网，教学中只有20%的教师运用了计算机。1999年评价报告指出，只有10%的教师认为自己"做好了充分的准备"，23%的教师认为自己"做好了准备"在课堂教学中使用计算机和因特网。

1999年，美国整合的重点开始转移到对教师的培训上。教师培训不再停留在计算机基本技能的培训，而是开始重视与课程整合理论和教学设计的普及。深入中小学，为教师提供理论上的支持，帮助教师制订具有可操作性的教学计划，全面提高教师的信息素养。在他们的帮助下，一线教师开始尝试以各种方式将信息技术整合到教学过程中，并在实践中探索出许多成功的途径。此时，课程整合的研究与应用开始突破旧模式的束缚，进入一个新的发展阶段[6]。

2000年，美国国际教学技术学会（International Society for Technology in Education, ISTE）出版了《国家教育技术标准》（*National Educational Technology*

Standards，NETS），书中总结了前几年的研究成果，并在此基础上详细列出了应用于幼儿园到 12 年级教学的国家技术标准，同时还提供了大量的参考案例。同年，美国教育技术首席执行官论坛（The CEO Forum on Educational Technology，简称 ET-CEO 论坛）召开了题为"数字化学习的力量：整合数字化内容"的第三次年会，将数字技术与课程教学内容进行整合的方式称为数字化学习，提出了数字化学习的概念，强调为达到将数字技术整合于课程中，必须建立适应 21 世纪需要的数字化学习环境、资源和方法标准。

2001 年的 ET-CEO 论坛发表了一个总结性的报告，从评价、协调、义务、途径、分析五个方面阐述了信息技术与课程整合对学生学习成绩、个人发展及教学改革的影响，证明信息技术与课程的整合推动了教育的改革和发展，为未来人才培养创建了一个高质量的学习环境。

2. 美国国家教育技术计划：数字化学习——让所有的孩子随时都能得到世界一流的教育

2000 年 12 月，美国教育部在同教育工作者、研究人员、政策制定者、学生、家长和包括高等教育界、产业界及其他行业领导人在内的各界重要人士进行磋商之后，对国家教育技术计划进行了一次战略性的回顾与修订，提出了五个新的国家教育技术目标：

（1）所有的学生和教师都能在教室、学校、社区及国家中使用信息技术。互联网的全球性使用将使学校及课堂的教学资源呈指数倍扩大；为学生提供更具有挑战性、更真实、更高层次的学习经验；提高教育技术的可利用性、可靠性和使用的便利程度；保证学校教育和设施的现代化；保证所有的学生都享有接触和使用技术的平等机会，努力消除数字鸿沟。

（2）所有的教室都将有效地应用信息技术帮助学生达到较高的学业标准。当前大多数教师所应用的教学模式与面对挑战的要求之间差距甚大。应提供机会提高教师的信息素养，加强教师培训工作，尤其是与教师有效利用教育技术有关的培训；还应加强对新教师的培训工作，包括传授如何有效地利用技术进行教与学方面的知识；提高以技术为中心、旨在发展教师专业的各种活动的数量、质量及连贯性；加大对那些使用信息技术的教师的教学支持。

（3）所有的学生都要具备信息技术方面的知识与技能。学生要具备解决信息问题的能力，知道如何确定任务目标、如何确定搜寻信息的方法、如何定位和获得信息、如何确定信息的相关性、如何把解决信息问题的结果加以组织和交流，并对解决方法的效率与效能进行评估。这些不因个人或社会经济方面的因素而受到影响。

（4）通过研究与评估，促进下一代信息技术在教育学中的应用。这场技术革命不会自动转化成教与学的变革。应当实行一项更大规模的、持续进行的全国性的研究与评估计划,来促进下一代信息技术在教与学中的应用,鼓励各州和地方对技术项目进行评估;支持以研究为基础的信息传播和应用,以促进教与学的发展。

(5)通过数字化的内容和网络的应用改革学科的教与学。数字化的内容和网络的应用将帮助我们在教与学的方法上发生革命性的变化。这些变化给所有的学生带来更多受教育的机会,数字化的内容和网络的应用二者必须分别按照高质量的标准进行评估(包括学习科学的基础知识和教学效率),使其能激励和调动学生。此外,它们还必须易于掌握和使用,甚至残疾人也能够方便地学习应用。

当今,强大的数字化资源和网络应用的发展为学生学习提供直接的机会:帮助学生综合理解难以理解的概念;为学生提供获得信息的资源与途径;更好地满足学生的个别需要。同时,信息技术的应用还能扩大家长参与程度,提高学校行政管理的成绩与效率[7]。

3. 美国第三个国家教育技术计划的颁布与实施

2005年1月7日美国正式颁布了《美国国家教育技术计划》——迈向美国教育的黄金年代:因特网、法律和当代学生变革情况。这是自1996年以来的第三个国家教育计划,该计划从美国目前的信息技术使用情况入手,通过对学生发展需求和发展现状的分析,提出了美国教育技术发展的7个方面的步骤和建议,并归纳了美国教育技术发展的主要结论。它是在美国政府"NCLB法案"(不让一个儿童掉队)指导下制定的国家教育技术发展战略性计划。该计划表明教育技术未来发展趋势是为学生提供满足他们个性化需求的数字化内容,尤其是围绕某个主题的高质量课程内容。

借此,人们将重新理解"信息技术与课程整合"这一概念。在这里,"课程"的概念已经不是传统意义上的课堂、教材、教师讲、学生学的概念,21世纪信息化时代的"课程"概念,是指学生终身学习的内容,学生利用信息技术在自己需要的任何时间、地点,学习自己感兴趣的各种内容,学习的方式是"e-learning"(电子化学习)、"virtual schools"(虚拟学校)等。从目前我们熟悉的"课件""资源库""教育主题资源网站",走向未来"按需学习"的"数字化新课程"[8]。

美国第三个国家教育技术计划的颁布与实施是美国教育技术革命的里程碑,美国教育界和信息技术界更加致力于信息通信技术与学科间的整合工作,强调学习情境要基于现实生活,与中心学科英语、数学等学科教学相互整合,在此基础上,扩展到信息通信技术与科学(理科)学科的应用整合研究,为信息技术与学科课程整合的进一步发展提供了良好的目标与契机。

美国国家科学教师联合会(The National Science Teachers Association,NSTA)

与培养 21 世纪技能合作协会（Partnership for 21st Century Skill）对 21 世纪从学前到 12 年级整合科学教育中的 ICT 技术与素养进行了合作研究，于 2005 年 1 月公布了科学教育 ICT 素养框架图（Science Information and Communication Technology Literacy Map，SICTLM），这是继英语 ICT 素养框架图、数学 ICT 素养框架图和地理 ICT 素养框架图之后的又一框架图。

4. SICTLM 构建的意义与思考

SICTLM 的构建和发展标志着美国基础教育中的信息通信技术已经完成了普及与应用，并全面进入学科领域深入整合阶段。其特点是更加注重信息通信技术与交流能力的融合与培养，更加明确信息通信技术在科学素养中的地位和范畴，而其在科学（理科）各学科中的整合和应用的要求也得到了进一步明确与提高[9]。信息通信技术与课程整合的本质与内涵要求在先进的教育思想和理论的指导下，把信息通信技术作为促进学生自主学习的认知工具与情感激励工具，并将这些工具全面地应用到各学科教学过程中，优化各种教学资源、教学要素和教学环节，从而促进传统教学方式的根本变革，达到培养学生创新精神与实践能力的目标。美国 SICTLM 不仅注重让学生使用 21 世纪现代化工具来获取、处理信息，还特别强调交流、协作，强调激发学生的学习兴趣、培养学生的创新精神和自我定向技能，在进行信息技术与课程整合过程中既对信息素养提出了细化要求，又给每个学生提供了个人发展空间。

1.5.2 英国信息技术和教育应用的发展

英国自 1997 年年底开始致力于将信息技术教育普及为全民化的国民教育，信息技术的应用逐渐遍及全社会，渗透到生活的各个方面，用 5 年的时间基本实现了向信息社会的顺利转型。

1. 英国国家学习信息系统的建设

1997 年 10 月，英国首相布莱尔代表政府发布了题为《连接学习化社会——国家学习信息系统建设》（Connecting the Learning Society——National Grid for Learning）的"政府咨文报告"（The Government's Consultation Paper），宣告英国国家学习信息系统建设计划正式启动。

英国国家学习信息系统是开发与应用在线学习、教学与公众服务的国家信息网络体系。1998 年，Grid 首先面向教育系统启用，然后推广至全社会。2002 年 Grid 网络可连接至英国所有家庭、街道、社区、医院、工作单位、社会服务及大众媒体、传播体系，满足学校教育、家庭教育、职业教育、终身教育和社会经济发展的各种需求，将英国社会建设成为学习化的社会。

英国的国家信息高速公路建设的起步与美国相比晚了 10 多年。当时信息技术教育的主要内容还只限于计算机学科知识与单机的操作使用，与网络无关，与学科的教学也没有发生关联。1995 年开始建设 Super-JANET（Super Joint Academic Net）计划，互联网逐步扩展至全国所有的高等院校、科研机构与部分中小学。

从 1998 年到 2002 年仅 5 年时间，英国的信息技术与信息文化建设取得了非常明显的社会效果。信息技术应用普及，发展迅速，国家的信息技术整体水平提高显著，各行各业的运作都基本实现了信息化。信息技术教育开始注重培养学生应用信息工具提高传播交流的能力，出现信息技术与课程教学整合的实践探索。

国家学习信息系统建设启动之后，各级学校在实施整体改革方案的过程中，加快了信息化建设的步伐。

（1）学校的信息技术与文化环境的整体建设（school-based whole culture）。校内所有提供学习资源的场所，从校图书馆、实验室、教室到活动室等，都实现了网络连接，进行开放式的在线管理与使用，支持多样化的教与学的需求。

（2）学校所有的教职工都必须具备相应的信息技术素养（ICT-literate），能够应用 ICT 从事教学与管理工作。

（3）所有的学生都必须学习 ICT 课程，并取得合格成绩，具备能够自主应用 ICT 以支持所有其他课程学习的能力。

根据国家学习信息系统建设计划，学校实现整体改革方案的具体时间进程为：1998 年为国家学习信息系统的建设年（net year），将按照国家的统一技术标准建设网络，秋季正式投入使用；全面开展师资培训，1999 年前，所有的教师都必须具有一定的信息文化水准，才能够取得合格教师的资格；到 2002 年，所有的学校与图书馆、博物馆都要连接 Super-JANET，75%以上的教师和 50%以上的学生使用个人电子邮件；2002 年内，接受义务教育的学生应当在学校接受一定的 ICT 课程教育，对 ICT 具有良好的理解和应用能力；2002 年后整个教育系统将实现无纸化办公与通信[10]。

2. 英国的信息技术与学科教学整合

英国教育部促进 ICT 在学校应用的目标侧重于：培养学生 ICT 能力，提高学生进入社会后的竞争能力；支持各学科教学，提高教学的质量标准；改变教与学的观念与方法，支持学生终身学习能力的发展。

"信息技术与课程整合"与传统学科教学并没有截然割断，而是有着密切联系，在合理继承的基础上，注重学生的主体性与创新精神和实践能力的发展。

1）信息技术与语言学科的整合

（1）以信息技术为工具开展一系列语言训练活动，鼓励学生主动参与，培养学生协作学习和信息交流的能力。使用专门的语言处理软件来提高学生的语言会话、阅读能力；使用数据库收集、分析、讨论科学和社会学科中的信息；使用数码投影仪来展示项目计划和语文作业；通过对网站和远程数据库的访问来获取所需的信息。

（2）用 ICT 进行文字处理与作品设计。以减轻写作任务，提高学生语言组织的能力，进行作品设计研究，开展创造性活动，如运用文本、图画和声音来展示自己的作文作业，讲自己喜欢的故事，运用多媒体展示个人作品等。即使写作能力不是很好的学生也可以创作出令人意外的作品，增强了更多学生的自信心。学生在使用计算机和数码相机等 ICT 工具来创造并展示个人作品时，可以在艺术、媒体、技术等方面得到综合提高。

（3）艺术素养——作品设计的审美意识与处理能力；媒体技能——自摄图像的角度、镜头变焦、画面结构等表现手法；信息技术——搜索、检索信息、导入、剪切和粘贴图片及字体改变等[11]。

2）信息技术与数学学科的整合

苏格兰发行了一系列包括从 A 到 E 五个等级的数学主题训练的 CD 光盘资料包，支持和改善数学教学，为学生提供发展数学能力的支持和机会，包括课堂练习和单元计划。学生根据提供的数据表格进行有关家庭的调查，处理收集到的数据，并生成电子数据表格、图形等。这些活动有助于培养学生的独立性，激励学生通过使用计算机程序来解决实际问题。

3.《英国教师 ICT 自学包》的内容与管理

普及、细致与深入是英国教师信息技术教育和整合培训工作的特色。"学习型学校计划"是国家教育与就业部（Department for Education and Employment，DFEE）应用信息通信技术全面支持教育更新的系统计划，其中包括《英国教师 ICT 自学包》项目，由 6 本书和一系列 CD 光盘软件资源构成。一本书为一个单元，每个单元侧重描述一种教师应具备的信息通信技术能力。《英国教师 ICT 自学包》为教师自学、使用和交流 ICT 提供了理论、策略、技术、资源等多方面的有效支持。

1999 年，英国在新的国家课程中将信息与通信技术课程设置为必修课程。在高中阶段更加注重培养学生应用信息与通信技术解决问题的能力，同时重视信息技术与其他课程的整合。注重让学生利用信息技术作为学习工具，促进学科课程的学习。

为了促进信息技术教育及信息技术与课程的整合，英国政府还专门成立了英国教育通信技术署（British Educational Communication Technology Agency，BECTA），专门负责全国学习网的策划、建设、维护、协调及运行工作，参与质量、课程署和教师培训署的课程和标准制定工作，同时负责与各信息技术教育硬软件供应商及学校进行联络和协调。另外，BECTA 还承担了为中小学教师提供教育资源和教学指导、拨款给学校建设信息技术基础设施及教师培训等工作[12]。

1.5.3 新西兰基础教育信息化的现状与发展规划

1. 新西兰基础教育信息化的发展回顾

1998 年，新西兰教育部公布了第一个基础教育信息化行动计划——《交互教育：学校信息通信技术政策》（Interactive Education: An Information and Communication Technologies Strategy for Schools）。该行动计划设定了学校应用信息通信技术的目标。2002 年，对该计划作了总结评估报告。行动计划带来的变化是：更多的教师经常应用信息通信技术，教师在使用信息通信技术方面的能力和自信心得到了发展；教师们更加经常性地在教学及管理上应用信息通信技术；团队活动是一种非常有效的提高信息通信技术能力的模式；教师在这方面的专业发展已经提高了教学效果。

新西兰教育部于 2001 年公布了《学校信息通信技术政策，2002～2004》（Information and Communication Technologies Strategy for schools, 2002～2004）。该文件初步设定了新西兰 2002～2004 年的基础教育信息化事业发展的目标及具体的行动计划。设定的总目标为：通过信息通信技术适当和有效的应用，促进学生的知识、理解和态度的发展。

2002 年，新西兰公布了《数字视角：通过信息通信技术学习》（Digital Horizons: Learning through ICT），指出"我们需要确保新西兰继续向一个变革的知识社会前进。教育和信息通信技术在实现这些目标方面具有基础性的作用。这个政策也是我们整体框架的一个重要方面"。另外，还针对学习者（learners）、教师（teachers）、毛利人（màori）（当地土著）、领导者（leaders）、基础设施（infrastructure）、家庭、社区、企业和其他组织（families, communities, businesses, and other stakeholders）分别制订了具体目标。

2. 新西兰基础教育信息化现状

到 2001 年，新西兰学校联通互联网的比例已达到 98%；计算机联网的比例已达到 50%；学生使用互联网的比例达到 61%。新西兰政府高度重视信息通信技术在教师专业化发展中的作用。

信息通信技术与教师专业发展团队（ICT Professional Development Clusters）制订了一个为期三年的资助项目，在发展硬件与设备的同时，项目的主要任务是：为参加学校的所有教师提供教学与管理等方面信息通信技术应用的计划和专业发展；试验和开发将信息通信技术整合于教与学过程的活动，以满足课程的学习目标；开发含有信息通信技术的印刷资料和数字资源库；应用信息通信技术来满足教学改革需求。到 2002 年，新西兰政府累计资助了 80 多个团队。

在普及信息通信技术和应用的基础上，新西兰更加关注将信息通信技术整合于中小学课程教学。58%的学校已经将信息通信技术整合到学科基本的学习领域。

TKI 网站是新西兰教育部 1998 建立的第一个基础教育信息化网络资源网站，其下分为数个社群，与中小学教师教学有关的有 TKI 社群和 ICT 社群。TKI 提供八大领域和整合课程、评价工具等资源，ICT 则侧重信息科技融入教学。

3. 新西兰基础教育信息化发展

在《数字视角：通过信息通信技术学习》文件中详细地规定了新西兰基础教育各个层面推进信息化的发展策略。指导思想为：①加强提高信息通信技术的基本技能，特别是在高级思维和信息技能方面的深层理解；②通过团队和在线教师专业发展活动，扩展教师和学校领导者的能力；③通过学校团队和在线兴趣社区创造一种协作的文化，并且使最好的实践共享变得更加容易；④建立学校、政府、社区和企业之间的联系；⑤开发和传输高质量的在线学习资源，并且提高使用率。

在相关领域的具体目标如下所述。

（1）学习者领域。学习者具有提高数字素养和信息素养的系统机会，善于创造性、批判性地使用信息通信技术，使学习者作为终身学习者而开阔眼界。

（2）教师领域。教师变成自信和有能力的信息通信技术使用者；使用信息通信技术支持他们的专业发展和管理，并且能够灵活而有效地通过信息通信技术与课程整合来改善学习者的知识技能和态度。

（3）课程与学习资源领域。学校能够通过信息通信技术获得领域广阔的学习资源，学习资源是可选择的、易于组织和管理的，符合学校需求和课程相关内容[13]。

1.6 中国教育信息化与课程整合现状和发展

我国信息技术在教育中的应用起步较晚，到 20 世纪 80 年代初才开始进行计算机辅助教学的试验研究，受"以教为主"的传统教育思想影响，比较重视教师的教。在国际上自 80 年代中期以后信息技术教育应用的主要模式逐渐由 CAI 转向 CAL 时，我国似乎并没有感受到这种变化，很多学校的信息技术教育应用模式仍然沿用着 CAI 的模式。

1998 年，全国中小学计算机教育研究中心第一次提出"课程整合"的概念，并于同年 6 月成立"计算机与各学科课程整合"课题组，将计算机与学科课程整合的问题作为"九五"重点课题的子课题进行立项。12月，研究中心向教育部基础教育司汇报了"计算机与各学科课程整合"项目的理念和进展情况。

1999年1月，全国中小学计算机教育研究中心在北京师范大学组织召开了有数十所学校参加的"计算机与各学科课程整合"项目开题会，标志着我国"信息技术与课程整合"项目从此走向有组织的研究阶段。

2000年10月，我国召开了第一次全国中小学信息技术教育工作会议（这是一次具有里程碑意义的重要会议）。时任教育部部长陈至立作了题为"抓住机遇，加快发展，在中小学大力普及信息技术教育"的报告，报告中明确提出要实施"校校通"工程、信息技术教育及信息技术与学科课程的整合。指出：在开好信息技术课程的同时，要努力推进信息技术与其他学科教学的整合，鼓励在其他学科教学中广泛应用信息技术手段，并把信息技术教育融合在其他学科的学习中。整合就是通过课程把信息技术与学科教学有机地结合起来，从根本上改变传统教和学的观念、学习目标、方法和评价手段。

在政府的大力支持和推动下，我国教育信息化迅速发展。在基础教育领域，2004年教育信息化的硬件设施与4年前相比增长了10多倍。例如，中小学已经建立的校园网数量，2000年只有3000所左右，到2004年年底达近50 000所，许多学校的校园网络的带宽与传输速率也大幅提升到千兆主干网。到2010年后，中小学已经基本普及了校园网络与平台。

今后，能否运用信息技术环境（尤其是网络环境）促进教育深化改革，大幅度提升各级各类学校的教学质量，成为当前教育改革深入发展的关键环节。通过IITC的途径来提高各学科的教学质量与教学效率，成为主要的研究渠道[14]。

我国的信息技术与课程整合经历了开端和普及阶段，积累了丰富的经验与成果，整合的理念与思路逐渐清晰。2001年6月，我国颁布的《基础教育课程改革纲要（试行）》中明确提出："大力推进信息技术在教学过程中的普遍应用，促进信息技术与学科课程的整合，逐步实现教学内容的呈现方式、学生的学习方式、教师的教学方式和师生互动方式的变革，充分发挥信息技术的优势，为学生的学习和发展提供丰富多彩的教育环境和学习工具"[15]，把信息技术与课程整合作为教育改革的基本要素提了出来。

近年来，我国加快了信息技术与学科课程整合的步伐，通过ICT与学科课程整合来改变传统的课堂教学模式，建成了中国教育和科研计算机网（CERNET）与中国教育卫星宽带多媒体传输平台（SEBsat）等[16]。但是受传统教育观念和实际条件的限制，我们只是将信息技术与课程整合作为目标提出来，没有提出明确的实施方案与要求，过于重视硬件投入，忽视教育理论在教学设计中的指导作用。

在《中国教育信息化发展状况调查》项目中，于2004年9月至2005年5月对北京、广州、大连、济南四座城市60多所中小学校信息技术应用现状及其应用情况进行了调查（表1-1）。

表 1-1　信息技术应用现状与应用调查情况结果

调查项目	发达地区/%	其他地区/%
学校人均计算机拥有率	5.2	2.3
教师计算机拥有率	74.1	26.3
教室中拥有计算机情况	37.5	7.4
教室中拥有大屏幕投影的情况	33.3	1.6
教室中拥有电视的情况（兼投影）	79.9	24.7
常规教学信息技术使用频率	14.9	5.9
信息技术课使用频率	92.2	78.1
教师信息技术应用水平较好	30.3	8.3
学生家庭中计算机拥有情况	31.3	5.5
学生对计算机辅助学习有兴趣	86.3	63.7

调查结果认为：信息技术的使用多数只停留在信息技术课中的应用；信息技术在学科中的应用多数只是停留在演示层面，并没有真正深入课堂教学中；只是初步进入学生的学习过程，没有成为学生系统学习学科知识的建构工具；相当部分的软硬件资源闲置；教学资源建设仍然是信息技术应用中的一个主要障碍，人们普遍认为，缺乏适宜的教学资源在很大程度上阻碍着信息技术与教学整合的进展[17]。

目前我国的中小学信息技术应用于课堂教学已经逐步成为学生知识建构的工具和方法，开展信息技术环境下的课堂教学模式研究，真正地把信息技术融合到学科课堂教学中是非常重要和必要的。

"十二五"以来，我国的教育信息化成绩显著，"宽带网络校校通""优质资源班班通""网络学习空间人人通"三项工程取得突破性进展，教育资源和教育管理两大平台广泛应用，有力地促进了教育改革和发展。

到2015年，全国中小学互联网接入率达85%，多媒体教室拥有率达77%，37.1%的学校已实现全部应用数字教育资源开展课堂教学。81%的农村学校实现互联网接入。

师生网络学习空间从2012年的60万个，到2013年的600万个，2014年的3600万个，出现了三级跳的增长。

国家教育资源公共服务平台实现了与18省级、8个市县级平台实现互联互通资源共享。2014年总页面访问数达10亿次，总访问户数5400多万人次，总资源下载数3000多万次。

"十三五"时期，要大力推进教育信息化，运用现代信息技术，让农村、边远、贫困和民族地区的孩子共享优质教育资源，缩小区域、城乡、校际差距；提高教师运用信息技术的能力，创新教育理念和教学模式，提高人才培养质量；把握"互联网+"潮流，通过开放共享教育、科技资源，为创客、众创等创新活动提供有力支持，为全民学习、终身学习提供教育公共服务；推进学生、教职工、教育机构等管理信息系统建设，形成覆盖全国、互联互通的云服务体系，深化改革、创新机制，提升教育治理能力。

1.7 信息技术与课程整合的新发展——手持技术在实验教学和研究性学习中的应用

21世纪以来，移动通信技术（mobile technology）的发展被称为信息技术进步的第四次浪潮，促使信息技术与教育的整合向更深层次发展，较为突出的是手持（handheld）技术在理科实验与研究性学习中的应用，支持课程改革、学生科学素养培养与三维教学目标的实现。2000年起，手持技术在美国、以色列、新加坡及欧洲的一些国家和地区的中学理科教学与实验探究中使用。后来，我国台湾和香港地区的一些中学也开始应用手持技术进行教学和科学研究。2002年起，我国上海、北京、广东等地的一些中学开始应用这项技术开展研究性学习、校本课程和专题性科学活动。

手持技术是由数据采集器、传感器和配套的软件组成的定量采集各种常见数据并能与计算机连接的实验技术系统。该系统能采集的物理数据包括电流、电压、光强度、温度、压强、气压、磁场、音量、距离等；化学数据包括温度、气压、pH、溶解氧、电导率、CO_2浓度、色度以及Ca^{2+}、NO_3^-、NH_4^+的浓度等，生物学数据包括温度、气压、pH、相对湿度、心电图、光强度等[14]。因主要使用手持数据采集器，又称为掌上实验室。

系统主要由手持技术和计算机技术组合而成，其中手持技术包含数据采集器和传感器，构成一个便携式的数据采集系统，可对许多自然现象和科学实验进行实地的探索与研究；计算机技术可提供一系列快捷的实验数据处理程序。通过Windows操作系统来处理数据、制作表格、数学建模和得出结果。还可以将数据输入Excel或Origin等更复杂的处理工具系统中，与互联网连接，并且可以反复多次地显示实验现象、数据、图表等信息，形成一个融科学探究和娱乐性于一体的科学实验系统[18]。

1.7.1 手持技术的信息技术特点

手持技术集数据采集、转换、处理与传输特点于一身,最突出的特点如下所述。

（1）便携:数据采集器和传感器都较小,实验时在手掌上就可以操作,采集多种数据,故形象地称为手持技术仪器或掌上技术仪器,其便携性可让师生能随时随地进行定量的探究活动,并将实验的过程及结果储存,这将使实验室用传统方法进行传统实验的现状得到彻底改变。

（2）实时:数据变化过程与实验过程同时进行,与计算机和投影仪连接,就能将显示变化过程的各种形式演示出来；与微型摄像头连接,就能将实验的整个操作过程演示出来并且储存在计算机的硬盘中,可以重复演示。

（3）准确:既可以由仪器或计算机自动收集实验数据,时间间隔从 1/20 s 到 1 h 可以任意选择,又可以人工控制收集,实验数据可以精确到 0.5%,完全符合中学对实验数据准确度的要求。

（4）综合:数据采集器可与各种传感器连接,可同时进行物理、化学、生物、体育、环境、气象等多学科实验的定量探索研究。

（5）直观:手持技术能以图像、指针、刻度计、表格等多种形式动态实时地显示实验的变化过程。可以在自己喜欢的显示方式中任意查看某一刻、某一段时间或整个过程的实验数据。

1.7.2 手持技术的教学应用特点

手持技术应用于中学理科教学的优点有以下几个方面。

1. 降低实验和学习的难度,加强实验的真实性

许多传统的实验和一些定量实验比较复杂,对仪器要求高,在教学中难以演示、观察和采集数据。手持技术可将实验变得相当容易进行；难以理解的一些科学概念和原理,借助于手持技术的直观实验演示来展示自然界变化的过程,能变得容易认知和理解。

2. 改变学习方式,激发学习兴趣

手持技术仪器的便携性,使得科学实验既能在室内进行,又能在室外方便地实施,大大拓宽了学生的学习空间与方式；结合环境与真实情境,如公共汽车车厢内二氧化碳浓度的研究,河水水质与溶解氧的关系等。

手持技术仪器采集数据的自动性,使得科学实验能长时间地自动进行数据收集和处理,突破了学习的时间限制。计算机处理的实时性和直观性,让学生几乎

同时观察到实验结果,学生感到更加兴奋,探究的兴趣增强。

手持技术仪器与计算机连接在一起,使学习体现个性化,可以在各种场合、时间内通过计算机或互联网的数据传输和处理来观察或预习实验。

3. 学科综合性知识的应用和理解

手持技术能跨学科、多角度地综合不同学科知识来进行实验设计、数据采集和处理。在分析与得出结论的过程中,学生综合性地应用了各学科的知识来解决现实问题,使抽象独立的学科知识得到应用、综合和深入理解。

4. 体现新课程科学探究理念,提高科学探究的水平

应用手持技术能够进行大量大众化、生活化、实用性和探索性的科学实验,既注重结果也体现了过程,学生通过实验,参加小组活动,学会研究方法。学生的主体地位,创新思维的培养,发现问题、提出和解决问题的能力,收集信息和数据的能力得到有效提高;充分体现了新课程的目标,提高了科学探究的水平[19]。

1.8 信息技术在科学教育质量监测中的应用受到重视

2016年4月27~28日,由教育部基础教育质量监测中心和中国基础教育质量监测协同创新中心共同主办的2016年科学教育质量监测学术研讨会在北京师范大学举行,聚焦"测评理论与技术""基于计算机的测评""表现性测评与国际视野""科学素养的纸笔测评"等专题,深入研讨科学教育质量监测的国际经验与本土构想。会议认为在新的2011协同创新平台、新的国内外形势、新的科学监测阶段,高精尖的测评理论和技术、基于计算机的交互式测评、基于科学素养的表现性测评等是需要突破与创新的问题。

会议中专家分别就"利用交互式计算机试题测评学生科学探究能力的思考""信息技术与科学素养测评""计算机交互式测评应用案例分析与比较"和"基于计算机问题解决测评的内涵、类型及趋势"进行了报告。研究报告认为,计算机测评一般有两种用途:一是便于评判的纸笔评测的替代工具和模拟情境;二是为学生提供动态材料。同时,报告中也提出一些值得反思和论证的问题,包括计算机测评的必要性和可能性;基础教育教学中已有的计算机技术应用,对计算机测评技术的提升能提供的启发和借鉴内容;考虑开发和使用等[20]。

1.9 信息技术与课程整合的应用领域的拓展

在信息技术数字化发展的过程中数字化技术推动着整合的深入和应用领域的

拓展，课程设计和案例研究对教师的信息技术素养要求提高，不仅要求教师在整合中进行教学设计，而且要求教师能够完成教学案例的研究。

近日，教育部发布《关于开展2015～2016年度"一师一优课、一课一名师"活动的通知》。活动计划组织200万名教师在网上"晒课"，从中重点征集2万堂"优课"纳入国家平台优质资源库。全国所有具备网络和多媒体教学条件的中小学校，各年级各学科的教师均可参加，参加教师可访问国家教育资源公共服务平台 http://www.eduyun.cn/进行网上"晒课"。活动由教育部基础教育二司与中央电化教育馆组织实施。

"晒课"是指教师在国家平台上传并展示反映本人一堂课的设计、实施和评价过程的相关内容，供其他教师教学参考和借鉴。"晒课"平台最小节点划分原则为可通过1～3个课时完成教学的知识节点。

教师所提交的网上"晒课"内容应包括一堂完整课堂教学的教学设计、所用课件及相关资源（或资源链接）、课堂实录（可选，拟参加教育部"优课"征集的为必选）和评测练习（可选）等。有条件的学校可鼓励教师上传课堂实录。

活动主要包括教师网上"晒课"与"优课"征集两个阶段。

网上"晒课"：各地可结合本地实际，组织教师在规定的时间内通过国家平台或已和国家平台对接的地方平台登录，利用国家平台提供的"晒课"功能进行实名制网上"晒课"。

"优课"征集：在网上"晒课"的基础上，采取县、市、省和国家分级推荐的方式，对各年级各学科各版本的资源开展逐级推荐。为鼓励广泛参与，每个年级每个学科每个版本每堂课至少要推荐1个"优课"课例。

2016年11月，北京师范大学化学学院化学教育研究所在"爱课程"开设了"中国大学MOOC中学化学教学设计与实践课程"。以现代教学设计原则和方法、先进的教学理念和教学方法为内容，采用任课教师（大学教师）、指导教师（一线中学教师）的双轨指导模式，以具体教学模拟和研讨为培养途径。选课学生通过具体教学演练，在中学化学教学设计方法和技能、教学观念和教学方式、教学实践能力等方面得到提高，进行职前化学教师教育与信息技术整合的新领域的探索。

运用信息技术促进教育改革深化，改善和提高学科教学质量与效率，已是当今世界各国教育信息化深入发展的主要趋势。2003年12月召开的计算机教育应用（ICCE）国际会议的主题"ICT教育应用的第二次浪潮（second wave）——从辅助教与学到促进教育改革"，以及微软、英特尔等公司自2004年11月以来举办的历年信息化国际论坛中均提出运用信息技术来促进教育改革，并实现教育的蛙跳式发展（leapfrogging development），成为今后信息技术与学科课程整合研究的重点。

参 考 文 献

[1] 中国科技信息研究所. 张保明编译. 全球信息社会冲绳宪章. http://www.China-judge.com./fnsx2/fnsx1511.htm.

[2] 何克抗, 李文光. 教育技术学. 北京: 北京师范大学出版社, 2002: 51-53.

[3] 张筱兰. 信息技术与课程整合的理论与方法. 北京: 民族出版社, 2004: 6-7.

[4] 唐文和, 刘向永, 徐万胥. 信息技术与课程整合的内涵. 中国远程教育, 2003, 5: 54-58.

[5] Davies J E. Assessing and predicting information and communication technology literacy in education undergraduates. Dissertation Abstracts International, 2005, 63-05（A）: 1797.

[6] 李克东. 数字化学习（上）—信息技术与课程整合的核心. 电化教育研究, 2001, 8: 47.

[7] 吕达, 周满生. 数字化学习. 当代外国教育改革著名文献（美国卷. 第四册）. 北京: 人民教育出版社, 2004: 283.

[8] 黎加厚. 美国第三个国家教育技术计划及其启示. 远程教育杂志, 2005, 1: 22-26.

[9] PARTNERSHIP FOR 21ST CENTURY SKILLS. Science ICT Literacy Map. http://www.21stcenturyskills.org/Matrices/ICTmap_science.pdf.

[10] 刘儒德, 陈琦. 英国的ICT教育. 全球教育展望. 2002, 6: 28-32.

[11] 张舒予, 王珺. 中外信息技术教育比较研究. 北京: 中央编译出版社, 2004: 25-33, 44-48.

[12] 祝智庭. 信息教育展望. 上海: 华东师范大学出版社, 2002: 238-246.

[13] 唐文和, 刘向永. 新西兰基础教育信息化的现状与发展规划. 中国电化教育, 2004, 3: 76-79.

[14] 王相东. 我国中小学信息技术教育的现状与前景. http://www.edu.cn/yanjiu_158/20060323/t20060323_15741.shtml.

[15] 中华人民共和国教育部. 基础教育课程改革纲要（试行）. 北京: 人民教育出版社, 2001: 5.

[16] 黄容怀, 陈美玲. 信息与通讯技术在中国中小学教育中的应用现状与发展. 联合国教科文组织报告. 2004: 30-64.

[17] 赵国栋. 中国教育信息化发展状况调查. 中国教育报, 2005-5-31

[18] 钱扬义. 手持技术在理科实验中的应用研究. 北京: 高等教育出版社, 2003: 15-18.

[19] 钱扬义. 手持技术在研究性学习中应用及其心理学基础——信息技术与研究性学习整合的实践研究. 北京: 高等教育出版社, 2006: 1-8.

[20] 2016年科学教育质量监测学术研究会. 2016-05-06. http://gj.ybu.edu.cn/news.php?id=12692.

第 2 章 信息技术与课程整合的教学理论

回顾 10 多年来的信息技术与课程整合实践,我们发现仅根据原有的教学理论和信息技术方法来指导整合过程,往往不能达到预期效果,未能进入更深的层次。"我们不能忽视以现代技术演绎传统教学理念的误区正在发生,却更应重视充分应用现代教育技术手段来实现传统方法不足以实现的新的教学目标"[1]。必须应用教学论(学科)的理论,将信息技术作为学科教学结构中的一个基本要素,从更高的层次和角度上将其融入教学结构,整体设计和规划信息技术与课程整合的教学结构与教学过程,才能发挥整合在实际教学中的应用价值。

2.1 理科教育中的现代教学论思想

Shulman 于 1988 年提出:计划和教授任何一门学科内容是一个高度复杂的认知活动,在这个活动中,教师必须运用许多领域的知识。如果学科教师拥有那些适应个别差异、综合的教学知识,就能够更好地帮助学生对所学习的学科建立深刻的理解。高效的教师知道怎样进行教学最优化设计、指导学习过程、帮助不同的学生建立学科知识体系和对学科进取心的理解。研究表明,在教学中上述教师的知识扮演着重要的角色,认为教师的知识和理念会对教与学产生深刻的影响,这是教师职业所特有的一种知识类型,即教学论内容知识(pedagogical content knowledge,PCK)。教学论内容知识包括关于特定的学科内容、教学论内容能够组织、表征的能力,以及适用于不同水平学习者的教学观点。进一步说,对这个知识领域的理解和实践对推进学科教学和学科教师培养是必要的[2]。

杨启亮教授在 2001 年就指出:教法的功能取决于教师对教育目标的理解、对教材的把握、对学生的研究、策略选择的适切性程度,这之中的理性与非理性投入、技术与艺术的阐释、教师独特的风格与创造,都将举足轻重。

2.1.1 理科教育的教学论内容知识

Grossman 在 1990 年指出理科教育的教学论内容知识(教师的知识)应当包含以下内容。

(1)学科教学的倾向性是指教师关于在特定的年级水平教授相关学科的意图、目标的知识和理念。这个倾向性表征了理解或概念化的学科教学一般策略和方法，像"概念图"一样起作用。指导教师对日常教学目标、学生作业内容、课本及其他教学材料的使用、学生学习结果的评价等做出决定。具备了这种倾向性要求教师能够在学科教学组织中采取特定的教学设计和策略。在整合过程中，当教师并未具备上述的倾向性知识，特别是缺乏所教授学科相关信息技术素养和能力时，则无法达到改革所提出的那种特定学科教学的倾向性要求。

（2）学科课程的知识和理念的书面教学目标来源于国家或省级水平要求而制定的文件，给出相应的标准来指导学科课程和教学中的决策行为。学科教师对这些标准要求应当有较好的理解：达到教学目标需要教授的概念；对学生的学习要求和相关学科之间内容的关联程度；学科中的纵向课程的知识。

调查显示，教师往往对于他们所承担的学科教学课程的教学目标并不是了解得很深入，有证据表明那些有多年教学经验的资深学科教师未能及时发展与调整自己来适应不断发展的课程学习目标，其结果造成了在实际教学中，对新的课程学习目标与要求做了实质性的修改，不能体现变革和发展的重要核心理念与要求。

（3）关于学生对学科知识的理解包括学生学习该学科领域涉及的概念所需要的知识、能力和技能。教师在学习过程中所起的作用是能够知道不同能力水平或不同学习风格的学生在学习和理解过程中发生了怎样的变化。例如，化学教师的学科教学论内容知识可以帮助学生更深入地理解分子原子水平的化学现象。有多种表征可以用来解释分子结构，怎样使学生更容易理解一个比较精确的表征。一些学生也许可以直接从化学式想象出三维立体的结构，而其他人需要画一个分子模型来体现。有准备的教师能够意识到学生的不同需要，并且给予适当的教学策略回应。

（4）关于教学策略的知识。在学科教学中已经发展和形成了一定数量的学科教学策略，如科学探究、学习循环、发现法教学、调查法教学、概念转变教学、产生式学习策略模型、概念转变策略和导向式调查等。教师关于学科教学策略的相关知识是学科知识、教学论、情境[3]。

教师对教学策略的使用受到他们的教学论理念的影响，将学科知识转化为特定的教学情境，依赖着特点的理念选择适当的教学策略建构其有意图的教学行为，用来促进学生学习和形成表征特定概念或原理的方法过程，并能够判断这种表征是否能帮助学生扩展自己的理解。

2.1.2 要加深对学科知识体系自身教学特征的深入理解与体验

学科的教学系统由三个重要因素——内容（content）、内容顺序（sequence of content）和教学方式（teaching methodology）构成。从20世纪90年代起，各国就重视以下问题：为什么在以探究学习为主的理科教学中，学生总觉得化学是一门难度大的学科，随着年级的升高而对化学课程的兴趣下降（与此相矛盾的是，随着生活与社会发展的需求，却要求学生具备更多的化学科学知识）。其主要原因之一是化学本身就是一门较复杂的学科，其中许多化学概念与其他概念高度相关，即使在学习一个简单的化学概念时，其理解依然需要与此相关联的几个概念联系。Stone 在 1991 年和 Gabel 在 1994 年的研究认为对化学概念的理解必须建立在三个层次上，即宏观现象水平（the macroscopic phenomenon level）、微观粒子水平（the sub-micro or particle level）和符号表征水平（the symbolic or representative level）。如果学生在宏观水平上对科学现象有很好的理解与观察，同时有机会在真实生活与社会中进行很好的联系与应用；与微观水平上的微粒观念联系起来，用自己的化学概念结构去解释客观物质世界的变化过程；最后通过化学学科专用符号和语言将其变化与进展表征出来。这样学习的化学概念学生才能真正理解与掌握[4]。

研究和调查表明，在实际的化学教学中相当多的教师并没有从根本上认识到化学教学的特征要求与其复杂性，没有在进行内容、顺序、方式的教学设计中通过恰当的探究活动有效地将这三个水平层次的教与学整合起来。其结果是学生发现他们不是在理解化学科学，而是单纯地记忆实验现象和教材内容，即使采用的是探究的学习过程，往往考试结束以后很快就遗忘了。很显然，学生没有在长时记忆中形成联系。通过概念图的测试就可以发现学生在这三种水平层次的记忆是片断的、缺乏联系的，也就是说通过学习并没有形成一个整体性的、有效的化学概念建构。这种情况下要使学生真正地理解与掌握、理解和应用化学学科内容几乎是不可能的[5]。

这就要求教师在教授不同阶段学科内容时，要明白其学科知识体系教学特征和学生认知心理水平的限制，特别是在初中化学学习入门阶段，从宏观现象水平上提供精心设计、现象明显且富有启发性和疑问性的教学内容、实验或共同探究的实际问题，使学生亲身经历和观察客观世界的变化，形成对宏观现象水平上正确的、全面的认识和体会。然后逐步引导学生从微观粒子水平上理解、解释所得到的变化现象和信息，并与头脑中的前科学概念进行比较、分析，重新建立对化学变化的理解和认识，形成正确的科学概念与思路。教师讲授与生活实际相关的化学专题，如物质形态与变化、液体的分离、化学分解等，使学生从微观粒子水平上解释宏观现象，达到巩固、形成联系的目的。当概念积累到一定程度，可通过符号系统与理论进行逐一的表征[6]。

为实现这三个层次的教学观念，经常采用的教学策略有以下几种。

（1）应用小组合作学习。通过团队合作与交流，可以明显增加学生对概念的形成和信息处理效果，以及形成长期记忆。

（2）应用类比、模式和概念图。应用类比和相关教学模式作为工具使学生更好地形成概念变化、创设矛盾的情境，要求学生通过概念图或其他思维图形来表达自己的理解，在表达过程中将三个层次有效地联系起来。

（3）应用信息与多媒体技术。信息与多媒体技术的多种形式可以使学生在观点描述、问题解决和探究性学习过程中的描述、观察、解释、重现过程和讨论及提出问题等方面有效地呈现，为学生提供了加深概念理解学习、再建认知结构的新途径。

（4）开展有效的实验教学。化学实验促进了学生的观察、实践和分析能力，学生在实验中提高参与程度、对化学的兴趣，并产生疑问。广泛应用微型化学实验来促进宏观-微观概念的连接和理解。

（5）开展 STSE（science，technology，society and enviroment，科学、技术、社会与环境）探究性学习。STSE 探究活动可有效地改善学习态度，促进技能和在新情境下概念的应用与创造性能力的提高。同时，相关概念在 STSE 的学习过程中能够帮助学生联结已有概念，在微观水平上多次应用与深入理解，巩固了长期记忆。

这样的教学可以减少学生学习化学中遇到的挫折和困难，体会到学习的成功和喜悦，使越来越多的学生喜欢化学，今后选择化学作为职业。这种整合的形式正是我们倡导的培养科学素养和科学探究的体现与形式[7]。

2.1.3 要重视有效地设计学习情境和学习途径来促进概念的学习与转化

国际性的数学和科学教育质量评估研究（Programme for International Student Assessment，PISA）表明，在教学中普遍存在缺乏对知识的获得性过程和概念理解的学习情境，从而导致知识和概念不能有效地在生活与社会的真实问题环境中加以应用，成为阻碍进一步学习和降低对数学和科学各门学科兴趣的重要原因之一。当前科学教育的导向是要有效地设计学习情境（learning situation）和学习途径（learning approach），鼓励学生将有限的基础科学概念用来解决与学习者身临的世界相关的问题和价值观决策，从而促进概念的学习与转化[8]。

1. 学习过程中的情境创设阶段

欧洲教育界流行着先哲孔子的三句话：如果你讲给我听，我将会忘记（if you tell me and I shall forget）；如果你做给我看，我将会记住（if you show me and I shall remember）；如果你带我一起做，我将会理解（if you involve me and I shall understand），并将其演化为探究式教学的哲学指导和思想依据之一。2000 多年前，我们的先辈就已经认识到创设不同的学习情境，会带来完全不同的学习效果与质量。达成共识的是学习情境可以强烈地影响人们知识的获取和应用。在促进能力，特别是在跨学科的能力和发展前提下，作为处于探究同等地位的教师与学生共同探究、讨论、活动，学习过程从个体行为过程转变成群体行为过程，在与实际紧密联系的情境中已经跨越了接受和掌握单纯的知识体系的界限，而进入有意义的概念体系构建，也标志着以探究性为主体的学习过程的确定。

从这些哲学理念的角度去考虑建构有效学习情境的基本要素应当包括：采用综合性的学习情境开始学习过程；采用优秀教材、教学辅助材料和各种学习技术；从多种角度围绕学习内容和目标开始学习；学习者有清晰的反思性学习、问题提出和解决过程；群体性讨论作为学习过程中的一个部分。

学习过程的情境设计应当包括以下四个阶段。

（1）接触阶段（contact phase），向学习者提供专题学习素材，连接与专题有关的前期知识与思想。

（2）好奇与计划阶段（curiosity and planning phase），学习者通过材料学习激发探究兴趣，提出问题和假设，形成探究策略、步骤，面对新的情境准备探究计划。

（3）探究阶段（elaboration phase），学习者以独立或团队形式实施探究，提交和交流其结果与心得。

（4）联结与练习阶段（nexus and exercise phase），通过研究内容与知识内容的联结，更新原有知识结构，发展基本概念和融合跨学科知识。

2. 情境教学——科学教育探索的案例

Demuth 和 David 等在回顾与审视了 20 世纪末教育改革的经验与不足的基础上，认为学科知识构成了科学素养（science literacy）的基础，而构成其核心的是科学能力（science competence）。科学能力是指能够发现问题，并能策划得出明确的基本结论，来帮助理解和做出关于自然世界在人类活动中引起变化的那种特定的判断（图2-1）。

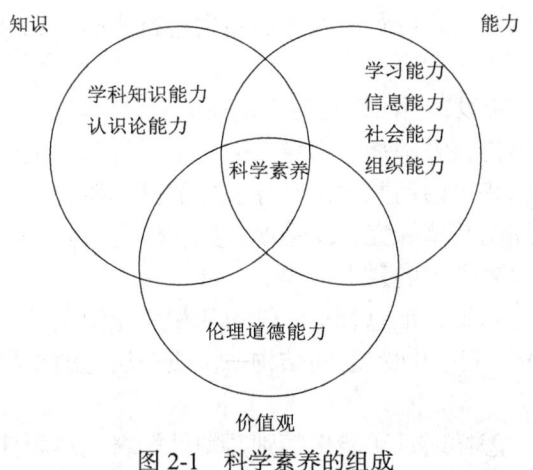

图 2-1　科学素养的组成

在学校的学习中，学生结合社会实际问题，进行探究式的学习，构建科学知识概念体系，这种积累依然是不够的，仍然是偏重以书本知识为主的概念框架，并非巩固和能长期记忆保留的。要从培养学生科学素养能力的更高层次去开拓 21 世纪的科学教育，需要加强在课堂内外学生对所学的科学知识加以应用，对社会、个人生活中所遇的情况提出问题，寻求解决过程并做出自己的选择和判断，才能更有效地培养科学能力，而能力的形成也促进了学生对科学概念的深入理解与转化[9]。

化学情景教学要求针对性地设计与社会环境密切相关的专题性案例，如"能源危机中，氢燃料是我们的未来吗？""干净、整洁和方便——家用清洁剂""汽油"等。以德国"Chemie im Kontext" 12～13 年级应用的"汽车能没有塑料吗？"（Ein Auto ohne Kunststoffe？）情景案例为例。

（1）接触阶段：观看视频资料、图片（汽车用塑料发展史）、汽车塑料部件实物展示，学生列出汽车中塑料部件表格、名称、用途，用已有知识解释其不同结构所具有的不同性质和用途，初步建立"特殊用途—性质—结构"的课题引入。

（2）好奇与计划阶段：通过列表形成概念和框架图，激发学生的好奇与探究心理，引导学生提出问题，这些塑料部件各有什么用途？不同性质的部件需要什么性能的塑料来制备？不同的分子结构如何构成性能差异塑料，其微观原理是什么？这些塑料又是如何制造的，它们的生产过程是怎样的流程？汽车报废后这些塑料又将如何处理，怎样循环再利用？这一系列问题构成了学习情境的载体，组织学生将问题分类，列出解决问题的计划与方案。

（3）探究阶段：根据不同塑料部件，学生分为聚酰胺类、聚丙烯酸有机玻璃类、聚亚胺酯、环境兼容性、回收应用等课题研究小组，通过图书馆、互联网、实地调查等方式来收集信息资料，在实验室内进行实验，总结研究过程与结果，形成结论和报告。

（4）联结与练习阶段：不同组针对其所研究对象，陈述研究过程与所得结论、报告，交流信息并讨论，教师加以引导，在各组报告基础上形成不同的探究讨论侧重点，进行深入的练习活动并再次对综合性的基本概念进行理解和应用。

为期近一个学期的情境探究，以课堂、实验室、家庭、工厂等多种形式进行，试图从五个方面来培养学生的科学素养。

（1）基本概念与知识：汇总教材、学习的相关化学及其他学科学习内容，关于结构—性质的理解，不同塑料之间结构—性质—用途的差异，如何解释某种塑料的特有性质。

（2）化学实验：怎样通过实验来区别热塑性塑料、热固性塑料、人造橡胶，根据密度来区别不同种类的塑料，解剖热固性塑料制成的车用插头、插座的构成。

（3）塑料的生产方式：塑料单体、聚合方式、合成流程图展示（如聚氨酯、聚丙烯甲酯、尼龙等）、部件成型工艺。

（4）塑料的环境兼容性：旧汽车塑料部件的回收、分解和利用，以及分析和评估。

（5）充分发挥学生交流、与相关学科知识联结的技能，鼓励学生通过各种方式获得信息、进行比较，推进基本概念的应用与迁移，达到对整个塑料高分子知识结构的优化、巩固及与其他学科知识的综合应用。

德国是汽车生产和使用大国，8000多万人口拥有私人汽车达到5000多万辆，学生对汽车结构和相关技术非常熟悉。选择汽车用塑料作为探究专题，使科学、技术、工程和社会紧密联系，极大地激发了学生的兴趣与探究欲望。在这种情境中设计解决这些专题所需要的化学知识，正是学校课程中需要学习的那些抽象的物质与微粒、能量与反应、结构与性质等微观原理和概念，在学生自己解决这些问题时，化学知识得到有效的应用与表征，同时发生积极的跨学科的迁移和联系。同时教师不再像以前那样直接使用教学参考材料来教授这些专题性案例，他们必须通过与学生共同经历上述过程来完成教学和探究任务。可以根据学校、学生及教师本人的特征来设计新的学习情境，并通过此方法逐步形成教师本人特有的教学风格与策略，完成传统教师向现代教师专业发展的转化过程[10]。

2.2 信息技术与课程整合的基本策略和空间

信息技术与课程整合空间是课程教学和课外研究的实践活动，主要核心之一是课堂，实现整合的根本途径是信息技术进入课堂教学过程。为此，要设计和构建形成信息技术与课堂教学整合的基本策略与空间。

2.2.1 信息技术与课堂教学整合的策略

1. 从技术的角度进行课堂教学整合的策略

熟悉信息技术手段在教学中运用的教师，可以就其熟悉的某一技术为整合的出发点，在实践中探索这类技术在教学中应用的方式方法，来优化学科教学策略。

2. 从学科特点和学科学习方式的角度进行课堂教学整合的策略

熟悉学科教学规律与应用的教师，根据所熟悉的学科教学特点可设计将信息技术运用于学习过程中，使二者有效地融合，探索技术作为有效的教学工具和学习工具在学科教学中的应用规律，从而通过实践总结出新的学习方式。例如，化学学科将一些抽象的原理和微观结构用可视化过程、虚拟物质结构进行探究学习，改变传统教学中的传递—接受式的学习方式。设计学生参与学习的多种机会，在以教为主的教学、以学为主的教学、教师主导-学生主体的教学模式中，信息技术发挥着不同的作用。随着教育信息化的不断深入，从学科教学的角度切入进行教学设计将是信息技术与课程整合的主流趋势。

3. 从课程文化的角度进行课程整合的策略

信息技术的介入，给教学内容、教学方法与手段、师生角色的重新定位等方面带来了全方位的影响。探讨课程结构的改变，从课程的目标、课程的内容、课程的实施、课程的评价等方面进行系统的研究，实现课程信息化。在美国国家课程标准中，提出要根据课程的特点来构建课程的实施方案，以系列的课程计划为线索，用JA1／A软件作为实现数学、科学虚拟实验的手段。学习以问题为中心，应用计算机模拟开展自主性探究学习，形成具有在线学习、交互学习、多媒体化内容表征的课程特点，是一种新型、互动课程。这种整合从课程哲学和文化的视角切入，通过多种技术手段的有效结合，构筑数字化学习的环境，学生将以全新的学习方式进行学习。

从整合角度来看，有两个共同的因素存在：一是教师具有应用信息技术的水平和信息素养，了解信息技术的优势，在不同的教学情景下应用这些优势和特长来帮助我们解决教学中利用传统手段无法解决的问题，在计算机网络的学习环境中，创设新型的学习方式来使学生进行自主性学习；二是从学生学习方式过程考虑，使学生成为真正意义上的学习主体，提高学生在学习上的投入程度。设计学习过程为学生创设更多参与学习的机会，无论是低技术环境中还是高技术环境中的学习，能够重新调整师生在教学中的地位与角色，都有可能让学生进入主动的学习，从认知、行为和情感上全面地投入学习，从而提高学习质量。

从广义的整合策略来看，整合的水平一般要经历接受—使用—提高—创新的过程，所以每位教师必须具备相当的信息素养和了解信息技术在课程教学中的作用[11]。

2.2.2 信息技术进入课堂空间的策略

整合的基本因素是信息技术在课堂教学空间中的作用，根据学生在学习中的投入状况，以信息技术的水平为纵轴，以学习投入为横轴，构成信息技术与课程整合的四个基本空间，即高技术水平、高学习投入；低技术水平、高学习投入；高技术水平、低学习投入；低技术水平、低学习投入四种基本的整合形式（图2-2）。整合的设计思路：一条为课程—学科—具体内容，利用信息技术来保证课程与标准能够更高质量的实现，解决课堂教学中一些难以解决的问题，强化课堂教学效果；另一条为内容—领域—课程，利用信息技术来创设学习环境，支持学生解决问题，培养学生应用知识的能力[11]。

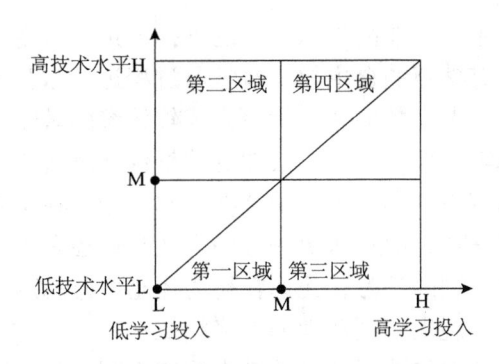

图 2-2　信息技术与学科教学整合的策略空间

第一区域。信息技术使用的是一些常规的媒体，学生的学习是低投入的学习。这是在常规的课堂教学中，运用媒体进行辅助教学。媒体并不是教学中不可缺少的要素，没有它教学仍能进行；有了它可以使教学变得直观、生动，从某种意义上来讲它起到了调动学生学习动机的作用，使学习变得有趣，有媒体辅助的教学方式变得容易让学生理解。学生的学习是由教师控制的，这是一种被动的学习方式，学生在学习中是一种个体和被动的学习，是传递—接受式的学习，学生在行为、情感投入方面是比较低的。

第二区域。信息技术形态为高技术投入，学生的学习状态仍为被动学习，是低投入的学习。教师在设计教学的过程中较多地使用信息技术，但信息技术的作用是支持教师的教学传授功能，教师在教学中处于教学的主导地位。教师传授、学生接受的传统教学模式并无根本的变化，学生仍然处于被动的学习状态。正如人们通常批评的那样，传统课堂教学是一种灌输式的教学，那么，我们可以说这种整合的方式是以"电灌"代替"人灌"，如多功能教室的教学，以电子演示文稿代替了教师在黑板上书写的板书；以优秀的课堂实录代替教师的讲课；或是在设计与开发的网络资源中，仅仅是书面教材的搬家等。信息技术与课程整合的策略若是这种结合的方式，则更多地注重形式上的整合，而未进行实质性的教学方式的改变。

第三区域。信息技术是一些低的技术形态，学生的学习是高投入的状态。例如，利用投影、录像等一些比较普通的媒体技术作为辅助手段，这在技术手段上可以认为是低技术，支持学生积极主动地投入学习。这种整合方式要求教师具有先进的教学理念，在教学中创设大量的学生参与学习机会，引导学生以积极探索的方式进行学习，教师在教学中并不直接把学习结果告诉学生，而是引导学生进行发现、探究学习，贯彻了以学生为学习主体的思想，对目前许多教学设备的配置还处在一般水平的农村和边远地区学校，这是比较可行的整合策略。

第四区域。信息技术手段是采用多媒体计算机技术、网络技术等一些高技术形态，学生是学习的主体，在高技术环境的支持下进行自主学习，采用探究—发现的学习方式，学生有学习的自主权，对学习过程进行自我控制，教师是学生学习活动的引导者、设计者、帮助者。学习方式较传统的教学方式而言有了质的改变。学习内容是由真实的事件、有挑战性的情景性问题构成的，它们和学生的生活密切相关，学习内容与现实紧密地结合在一起，学生在学习的过程中需要同学习伙伴一起完成学习任务，而且解决任务的方法与途径是多样化的、开放的。学生在学习过程中是投入型的学习，无论在行为还是情感态度上都是全身心投入，教学模式有了改革，体现出新型教学的许多特征。

从以上四种信息技术与课程整合的基本策略空间分析，第一区域是目前很多学校的教学现状，第二区域是在信息技术与课程整合中很容易出现的误区，只注重了表面形式，忽视了整合的本质，这两种整合方式都未触及教学模式的改变，可以看成信息技术对原来的传统课堂教学起了强化和补充的作用。我国传统大班化的课堂教学过程的最基本方法是讲授、练习、评价反馈和练习。在课堂上基本上依靠教师的口语和黑板表达教学内容，全班学生以同样的速度学习同样的内容；教师不能及时了解每个学生的理解程度，无法向学生提供针对性的练习和及时的反馈等。利用信息技术支持课堂中的直接教学，至少可以在以下几个方面使其得到强化：①利用信息技术手段可以增强教学信息的表现能力；②利用计算机支持匀质分组学习，有助于适应学生在学习速度方面的差别；③利用自动化练习手段，可以提供及时的反馈，强化学习效果；④利用网络支持教学过程，可以使教师随时了解学生的学习动态，并促进师生之间的相互交流。

第三区域、第四区域是采用低技术系统与高技术系统支持高投入学习的整合策略空间，需构建创新的教学模式。第三区域是目前大多数学校都可以采用的整合策略，这种整合模式对信息化环境要求不高，具有适应面广的现实意义。第四区域是信息技术与课程整合的理想状态，具有良好的信息技术环境，有先进的教学理论作基础，实现学生高投入学习和数字化学习。这两种策略实现了课堂教学的革新。革新的教学模式是以学生探索、交互性指导、带真实任务的多学科延伸模块、协同作业、教师作为帮促者、异质分组、基于成效的评估为特征的。有条件的学校可进行高技术支持下的学生高投入学习。技术环境有限的学校可充分利用现有的条件和资源，在新的教学观念指导下精心设计教学，提高学生学习投入的程度，达到革新课堂教学的目的。应利用信息技术来支持高投入学习，构建以学生学习为主的新型教学模式[12]。

2.3 互联网环境下的研究性学习——WebQuest

1995年，美国圣地亚哥大学的道奇（Dodge）教授在对职前教师进行培训时提出了 WebQuest 的概念。目的是为职前教师提供一种在线教学的模式，以便既能充分利用学生的时间，又能促进高水平的思维。不久，他与马奇（March）将 WebQuest 发展成为一种新的信息技术与教师培养整合的课程计划。由于该课程计划与互联网密切相关，他们将其命名为"WebQuest"（寓意为网络探究）。在这类课程计划中，呈现给学生的是一个特定的假想学习情境解决的问题任务或者需要完成的课题项目，课程计划中为学生提供了互联网资源，并要求他们通过对信息资源的分析和综合得出创造性的解决问题方案。

这种新颖的网络探究学习形式很快受到欢迎，许多教师开始编写自己的 WebQuest，并开始在工作室和课堂中展开 WebQuest 的教学实践。借助电子邮件和网络通信，使用者和课程编写者之间加强了联系，他们能够交流使用心得，并就探究结果进行探讨。WebQuest 类型的网站在互联网上不断涌现，越来越多的教师和学生喜爱这一新的学习形式和过程[12]。

2.3.1 WebQuest 的含义和教学理念

WebQuest 即"网络探究"，指学生通过网络来寻求解答某个问题的相关材料、解决方案或技术支持等，是在网络环境下的一种任务驱动式的学习模式。

马奇对 WebQuest 定义为："A WebQuest is a scaffolded learning structure that uses links to essential resources on the World Wide Web and an authentic task to motivate students' investigation of a central, open-ended question, development of individual expertise and participation in a final group process that attempts to transform newly acquired information into a more sophisticated understanding. The best WebQuests do this in a way that inspires students to see richer thematic relationships, facilitate a contribution to the real world of learning and reflect on their own metacognitive processes."

这种学习模式的核心教学设计理念是：教师先创设某个特定的情境，将学生引入其中，然后落实具体探究或解决的任务，要求学习者独立或协作完成，提供的各种网络资源是学习者的主要信息来源和制订解决方案的依据。

2.3.2 WebQuest 的分类

从对学习者要求的不同层次，以及完成任务所需时间的长短来分，WebQuest 有两种教学方式。

1. 短期 WebQuest

短期 WebQuest（shortterm WebQuest）的主要任务是知识的获取和整合，希望学生能够就某一个问题获得比较全面的认识，即"获得知识"。学生首先从网络上搜集大量新的信息，然后对其进行提炼，以求获得充分的理解，并在此基础上形成概念认识。短期 WebQuest 通常控制在 1~3 个课时内完成一个专项教学任务。

2. 长期 WebQuest

长期 WebQuest（longerterm WebQuest）对学生提出了更高的要求，即"拓展和精练知识"。在完成了一个长期的 WebQuest 之后，学习者能够对某个问题有比较深刻的认识和理解，并通过对该领域的知识进行深入的分析、综合及评价后，能够以某种方式将其转化。通常是创造性提出问题解决方法、理论和结果；还能够通过在线或不在线的方式与其他学习者交流。长期 WebQuest 通常控制在一个星期或更长的时间内完成。

2.3.3　WebQuest 的课程结构

为了使学习者明确学习目标，在网上充分地利用时间，避免无目的漫游，课程应经过精心设计，赋予学习者以明确的方向。要包含一个可行的任务、能够指导他们完成任务的资源库、评价方式和进一步拓展的方式。WebQuest 一般包括绪言（introduction）、任务（task）、过程（process）、资源（resources）、评估（evaluation）、结论（conclusion）6 个关键部分和小组活动、学习者角色扮演、跨学科等非关键部分。其中每个关键部分都自成一体，设计者可以通过改变各模块的顺序与搭配来实现不同的学习目标（图 2-3 和图 2-4）[13]。

（1）绪言。"绪言"部分的目的是要给学习者指定学习或探究方向，通过各种手段提升学习者的兴趣。所选择的主题应当：与学习者过去的经验相关；与学习者未来的目标相关；充满吸引力，生动有趣；引导学习者进行充实而有意义的角色扮演。

（2）任务。任务模块对将要完成的事项进行描述。最终结果可以是一件作品（如 PowerPoint 演示文稿），或者是口头报告（如解释某一特定主题）。具体可包括编纂、复述、判断、设计、分析等，或是这些任务不同程度的综合。

（3）过程。在"过程"中，教师给出学习者完成任务将要经历的步骤，让学习者知道完成任务的过程。其中包括任务的分配、对学习者扮演角色或看问题的视角的描述等。指导者还可提供学习和人际关系建议，如如何组织头脑风暴活动等。整个过程描述应当简短而清晰。

（4）资源。"资源"是一个网站清单，这些网站指导者事先已查找并核实，能帮助学习者完成任务，以便学习者将注意力集中在主题上，避免漫无目的地网上漫游。WebQuest 的资源中也可以包括教科书、录音带等非网络资源。

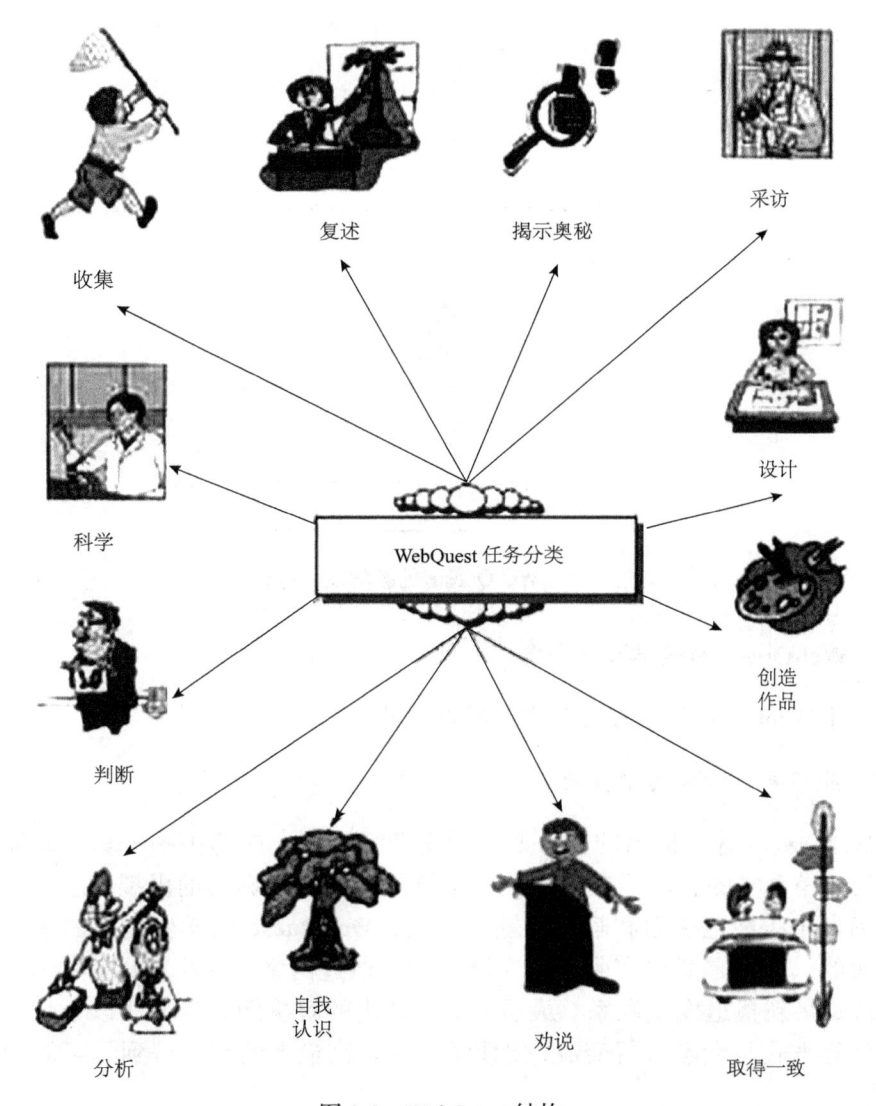

第 2 章　信息技术与课程整合的教学理论

图 2-3　WebQuest 结构

（5）评估。"评估"是 WebQuest 中的新增模块。显然，如果要证明用网络来学习的花费是值得的，我们需要能够测评学习结果。由于寻求的学习在布鲁姆目标分类学（Bloom's Taxonomy）中处于较高层面，因此难以用多项选择测试题来测量，需要有一个评价量规（evaluation rubric）。根据给予学习者的任务的不同，评价量规可以有不同的形式。

（6）结论。WebQuest 的"结论"部分提供机会总结经验，鼓励对过程的反思，拓展和概括所学知识，鼓励学习者在其他领域拓展其经验[14]。

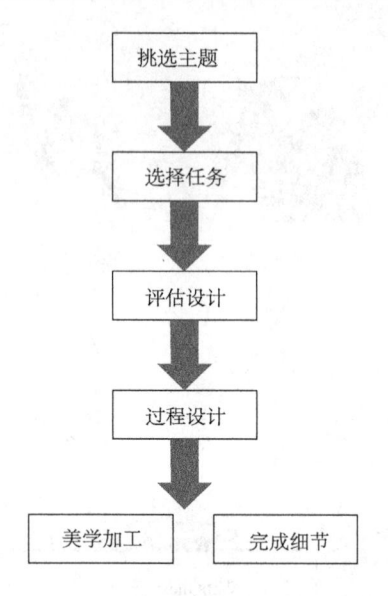

```
┌──────────┐
│  挑选主题  │
└────┬─────┘
     ↓
┌──────────┐
│  选择任务  │
└────┬─────┘
     ↓
┌──────────┐
│  评估设计  │
└────┬─────┘
     ↓
┌──────────┐
│  过程设计  │
└────┬─────┘
     ↓
┌──────────┐  ┌──────────┐
│  美学加工  │  │  完成细节  │
└──────────┘  └──────────┘
```

图 2-4　WebQueste 的教学设计过程

2.3.4　WebQuest 的教学设计理念

设计 WebQuest 教学过程时应体现以下思想。

1. 能够激发学生的学习动机

WebQuest 首先提出的任务要求学生理解、综合或解决一个真正面临的问题，任务是真实的，而不是一个仅出于学习任务需要提出的虚拟问题，这有助于推动学生积极地探索和解决问题。其次，WebQuest 给学生提供的学习资源是真实的，而不是脱离实际和真实环境的。通过网络，学生可以直接与专家、数据库、最新报道发生联系。最后，学生提出的解决问题的方法以上传、发电子邮件等方式与大家进行交流，促使学生尽自己最大的努力得到尽可能满意的答案。

2. 学生在解决问题过程中能促进高水平的思维

要求学生不是简单地收集信息来回答问题，而是对信息进行加工，将任务分成一个有意义的子任务或子课题，让学生经历一些类似专业人员经历的研究思维过程。将主题简化，提供与主题相关的信息和观点的事例和案例，使学生通过对这些信息和观点进行筛选、处理与理解，不但形成与原有知识相联系的理解，而且促使他们进入"最近发展区"，发展到达新的更高的认知水平，促进更高的思维水平发展。

3. 充分发挥合作学习的形式

当需要解决的是一些复杂和矛盾的问题，通常一个学生无法掌握这些问题的所有方面，需要以小组合作学习形式来完成。由于不同小组的合作研究和讨论程度不同，其解决问题的方式也不一样。随着研究和交流的不断深入，合作学习将对学生的学习和情感产生影响。

2.3.5 WebQuest 的教学特点

（1）给予学生相对充分的自由，同时要求他们在指定的空间，要求学生充分利用他们的学习时间，应用网络工具完成赋予的任务，以求提高他们的学习效率。

（2）培养合作意识和团队精神。单个学习者先在远程教育系统或网络资料库的帮助下独立完成任务，而后大多数的 WebQuest 要求学习者协同工作，共同解决问题，经历团队合作。

（3）在教师设计的 WebQuest 特定情境中，通过角色扮演的方式来刺激学生的学习动机，要求学生扮演的各个角色通过网络来完成他们的合作（如 e-mail、BBS 等）。

（4）书本知识的拓展，用 WebQuest 进行的学习实质上是一种任务驱动式的学习方式。在完成任务的过程当中，要求学生分析利用各种网络资源，通过独立或协作的方式提出任务的解决方案，并将方案加以实施。在这个过程当中，学生会对问题有一个超越教材的比较宽泛、全面的了解；通过对各种资源的比较和提炼，学生会对问题有更加深刻的认识，形成概念；通过实施解决方案，学生将理论付诸实践，并进一步从实践中修补他们对于问题认识的缺陷和不足。

（5）各学科知识的综合、理解与运用。教师们在制订 WebQuest 时，往往希望学生能够超越课本和教室的范围，开拓更广阔的学习视野，获得更深刻的认识。因此，WebQuest 通常覆盖了多个学科，在解决问题的过程中要求学生自主地创造各个学科知识的有机融合，并将理论与实践联系起来，运用各种技能来完成任务。

（6）能够最大限度地激发学生和老师的兴趣及想象力。在网络虚拟的情境中，在各种资源的支持和启发下，针对亟待解决的任务，学生可以充分发挥自己的想象力，提出各式各样的解决方案，而不会受到课本或课堂的约束。对于教师而言，在设计 WebQuest 时，相对于设计课堂教学有了更大的自由度；可以采用与课本完全不同的材料，使学生通过一种完全不同的知识构造的方法或顺序，达到与课堂教学相同的教学目标，同时获得更好的教学效果。

（7）WebQuest 是虚拟与现实的结合。WebQuest 的基础是 Internet 构成的虚拟世界，而 WebQuest 的问题却是现实世界的问题。因此，一方面，WebQuest 要求学生超越对现实世界的认识，在虚拟世界中分析和批判各种资料，寻求问题的解决方案；另一方面，WebQuest 的问题却又是直接来源于现实世界的问题，它的解决方案当然也必须是现实的，而不是空洞的、不切实际的[15]。

2.4 ThinkQuest——以教育网站形式体现的网络学习新方式

同样是在 1995 年，美国一家非营利性质的机构——"高级网络服务公司"创立了 ThinkQuest 这个基于互联网的教育合作计划。ThinkQuest 是与 WebQnest 不同的一种网络学习模式。它是建设专题性教育网站，通过协作学习的方式完成某项学习任务。

2.4.1 ThinkQuest 的起源

ThinkQuest 起源于 1996 年的网络挑战赛。该公司围绕"以学生为中心，以网络为基础，基于项目的学习"这个理念，在网络上公布了数个 ThinkQuest 挑战项目，这些项目要求参与者（通常为学生）协作创建高质量、内容丰富的教育网站。共有超过 100 个国家的 10 万多名学生和教育工作者参与了这项活动，最终他们建立了一个包含超过 5000 个教育网站的资源库，每个月大约有 250 万世界各地的不同用户对其进行访问。自此，ThinkQuest 在世界范围内迅速发展起来。至今，美国已有 39 个州，还有其他 68 个国家分别建立了 ThinkQuest 的合作组织。与其说 ThinkQuest 是一种网络学习的模式，不如说它是创造网络学习资源的一种方式。

ThinkQuest 给参与者提供了一个建立关于某个主题的教育网站的任务，参与者利用网络和非网络的资源来充实网站的内容，运用各种网站建设工具完成网站的构架，美化网页的界面，这对参与者来说本身就是一个充满挑战和激情的学习过程。

在此过程中，一方面，设计者建立的网页又可以被其他学习者利用，作为他们学习的资源。另一方面，由于制作的目的就是一个教育网站，所以在其他学习者利用这个网站时，他们可以省却许多查阅、提炼资料的麻烦；网站的设计者将自己对该网站特定主题（教学内容）的理解和认识都直接表现在网站的内容中，这对学习者形成自己的概念起到了一定的启发和借鉴作用。

2.4.2 ThinkQuest 的教学特点

（1）ThinkQuest 的任务目标是创建一个专题性的教育网站。

（2）ThinkQuest 的命题是开放性的。通常来说，将选题范围归结在数个类别之中，在这些范围内参赛者可以充分发挥想象自由命题。

（3）ThinkQuest 的协作伙伴来自于不同的国家或地区，网络是他们联系和协作的手段和途径。

（4）ThinkQuest 更强调参与者所具备的计算机和网络素养。通过专题网站的制作，参与者的水平得到发挥和提高。

ThinkQuest 对学生的计算机和信息素养提出更高的要求。学生不仅要具备上述所有技能，而且还要能够熟练使用各种网络工具和网站建设工具，如 JAVA、CuteFtp、FrontPage、Dreamweaver、Flash、PhotoShop、ASP、PHP 等。另外，学生还必须对网络操作系统及数据库结构等有一定的了解[16]。

2.4.3　WebQuest 与 ThinkQuest 的联系

WebQuest 与 ThinkQuest 各自的内容和特点决定了在网络教学中它们之间存在着紧密的联系。WebQuest 创立的初衷就是为了将无限的网络资源引入教学过程，从而促进教学，使学生充满兴趣，提高教学质量。作为一个教师，如何使学生充分有效地利用网络来学习？在应用 WebQuest 进行教学时，教师就有责任给学生指出那些有益于他们任务的完成、又有充分安全保障的一系列站点和链接。制作符合 WebQuest 任务主题的教育网站就成为他们的首选。人们建立 ThinkQuest 的目的就是希望学生通过建立教育网站的协作过程来自我学习、探索世界、研究问题并同时教授或指导他人[17]。

2.4.4　WebQuest 与 ThinkQuest 在网络教学中的意义

作为21世纪网络教学中有很好前途的两种教学模式，WebQuest 与 ThinkQuest 具有很重要的教学意义。

（1）WebQuest 与 ThinkQuest 都是"以学生为中心"的学习方式，符合现代教育改革"由教到学""以学生全面发展为核心"的改革理念。

（2）WebQuest 与 ThinkQuest 为学生的学习提供了远超过课堂教学的丰富材料和实践活动，这有助于学生将感性的认识进行分析和归纳，从而上升至理性的认知体系。

（3）通过 WebQuest 与 ThinkQuest，学生学到的不仅仅是专题的知识，还有各种技能，提高了信息技术素养，如在线合作、网络资源搜索利用、异步项目管理、网际交流等。

（4）通过 WebQuest 与 ThinkQuest 的学习，网络探索的观念将深入学生的心灵，从而为他们将来的发展提供新的思路，并为他们能够充分利用网络资源打下坚实的基础。

（5）WebQuest 与 ThinkQuest 降低了教学活动的成本，同时获得更好的教学效果。当初倡导者的理想之一就是希望中低收入家庭的孩子或普通公立学校的学生也能够通过网络的工具，以较低的成本享受一流的教学资源。

（6）WebQuest 与 ThinkQuest 在很大程度上激发了教师教学及学生学习的热情。长久以来，由于教学方法的落后和教学资源的匮乏，学习的过程一直都是枯燥乏味，学海无涯苦作舟，很多学生都以学习为苦，从而缺乏学习的动力。应用了 WebQuest 与 ThinkQuest 后，学习将不再是一件痛苦的事情；相反，学生会从学习的过程中获得相当的乐趣，从而主动地进行学习。同时，教师也不必担忧教学资源的缺乏，无法激励学生的学习动机，所需要关注的是怎样从丰富的网络教学资源中选择适合自己教学特长的素材，以及如何组织设计教学活动策略来获得最佳的教学效果[18]。

这两种网络学习形式对信息技术与课程整合起了引导作用。延续这种思路，后续者相继开发了多种学习形式和呈现学科课程学习的网站和学习工具，更加方便教师和学生自行开发和创建适应自己教学与学习目标、需求、特征的网络学习形式。WebQuest 形态适合于教师开发整体性网络课程、教学中的专题性教学网页，供学生自我学习和深入学习使用。ThinkQuest 形态更加适合于研究性学习、科学探究、竞赛等专题性活动，以课题形式集中对某一专题进行创新和探究型活动，在培养学生创造能力和特长发展方面有着很好的作用。

参 考 文 献

[1] 杨启亮. 论教法在素质教育实践中的张力. 课程·教材·教法, 2001, 6: 21-25.
[2] 廖元锡. PCK——使教学最有效的知识. 教师教育研究, 2005, 17(6): 37-40.
[3] Bucat R. Pedagogical content knowledge as a way forward applied research in chemistry education . Chemistry Education: Research and Practice, 2004, 5(3): 215-228.
[4] Gabel D. The Complexity of Chemistry and Implication for Teaching . International Handbook of Science Education. Netherlands: Kluwer Publishers, 1998: 233-248.
[5] Treagust D, Duit R, Niesward M. Sources of students' difficulties in learning chemistry. Education Quimica, 2000, 11(2): 228-235.
[6] Prenzel M, Ostermeier C. Increasing the efficiency of science and mathematic instruction. The annual meeting of the national association for research in science teaching. USA: New Dreleans, 2002.
[7] 陆真. 新课程实施背景下对科学探究理念与过程的再认识与思考. 课程·教材·教法, 2005, 9: 74-78.
[8] OECD. The PISA Assessment Framework: Mathematics, Reading, Science and Problem Solving Knowledge and Skills . OECD Publication, 2003: 9-17.
[9] Duit R, Treagust D. Conceptual Change-A Powerful framework for improving science teaching and learning . International Journal of Science Education, 2003, 25 (8): 671-688.
[10] Demuth P I. Chemie im Kontext——Begruending and Realisiersung eins lernens in sinnstifitenden Kontexten Praxis . der Naturewissenschaften——Chemie, 2001, 50 (8): 2-7.
[11] 余胜泉, 吴娟. 信息技术与课程整合——网络时代的教学模式与方法. 上海: 上海教育出版社, 2005: 41-45.

[12] 张筱兰. 信息技术与课程整合的理论与方法. 北京: 民族出版社. 2004: 34-51.
[13] 阎寒冰. 学习过程设计——信息技术与课程整合的视角. 北京: 教育科学出版社, 2005: 177-189.
[14] 王跃. 单元主题 WebQuest 的设计与思考. 中国电化教育, 2003, 4: 42-44.
[15] 奚晓霞, 罗会棣. 基于 WebQuest 的建构探究学习模式. 电化教育研究, 2004, 2: 41-44.
[16] 张筱兰. 信息技术与课程整合的理论与方法. 北京: 民族出版社. 2004: 213-231.
[17] 徐晓东. 浅析 ThinkQuest 的教育意义和价值. 中国远程教育: 综合版, 2002, 12: 62-64.
[18] 荆卫东. WebQuest 与 ThinkQuest 评析.中国信息技术教育, 2003, 2: 48-49.

第3章 信息技术与课程整合的教学设计和结构理论

20世纪90年代，国际教学设计领域两个最引人注目的变化：一是认识论、学习心理学和教学设计的结合；二是信息的数字化、互联网的远程指导及计算机和技术的发展以新的方式应用于教学设计之中[1]。

3.1 信息技术与课程整合教学设计理论和实践的发展趋势

教学设计的理论已经和信息技术、学习理论的最新进展紧密地联系起来，教学设计研究和实践呈现以下发展趋势。

趋势一，教学设计日益注重学科研究和跨领域应用。

教学设计体系和内容出现越来越多的学科领域的观点，如教育社会学、教育心理学、科学哲学、认知心理学、教育技术学及认识论、本体论等。这些领域的加入与融合，使教学设计出现一些里程碑式的变化。

出现的关注点是在本体论和认知论基础上，对以学生为中心的学习环境的研究。创设基于问题，基于项目，基于目标探究式、开放式、抛锚式的学习情境。在教学设计中，一直试图加强教育技术的作用。

趋势二，教学设计越来越注重信息技术与教育理念的整合。

计算机与信息技术成为教学设计系统的主要因素之一。它作为人类学习和研究的工具，带来了全新的变化。通过利用多媒体交互性和对刺激呈现的控制，丰富了问题解决的环境，使研究者可以直接跟踪问题解决过程，进行复杂推理，使过程可视化，并建构模型。信息技术使得学生对概念组织、数据收集、实施小组项目的表征成为可能与实现。

近10年来，互联网成为现代教学技术的重要组成部分，这是以建构主义观点为设计的主导理念。设计比较成功的案例有：基于目标的情景设计（goal-based scenarios）、抛锚式教学设计（anchored instructional design）、基于问题教学设计（problem-based instruction design）。

信息技术在教学设计中的显著贡献是能够用各种技术手段来解释复杂的课堂形成性评价，记录学习者的关键特征，分析推理模式的正确性，给师生提供快速的反馈，支持个别化教学。

趋势三，教学设计越来越注重各种因素整合下的学习环境的建构。

知识和技能通常是学习个体在应用知识和技能的环境中获得的，环境的创设与个体发展密切相关。技术是教育中的一个重要工具，信息技术在知识的获取和促进学习的手段方面非常有效，技术在创建有效学习环境方面有以下 5 种挑战性的途径。

（1）通过录像、演示、模拟、数据库和与科学家互联网的连接，把真实的问题带入课堂。

（2）提供"脚手架"支持，以扩大学习者的思考途径，培养能力。在技术支持下，允许学习者参与复杂的认知活动，如科学探究、研讨等。

（3）学习者有更多机会通过专家系统、教师和同伴的交流与反馈，反思他们的学习过程，接受循序渐进的指导，提高个人的学习和推理水平。

（4）与本地或全世界的教师、学生、家长及有共同兴趣的学习者形成共同体。

（5）扩大教师的学习机会。由于技术的交互性，现代教学设计可以更容易地创建教学环境，在这种环境中学生通过实践来学习，获得反馈和不断建构新知识，并加深对新知识的理解[2]。

趋势四，教学设计越来越注重新的评估理念和方法。

赵中建教授认为教学设计越来越呈现出把课堂、教学、实施和评估进行总体规划的趋势。教学需求分析、信息和方法结构分析、个体和社会文化差异分析成为评估的重要内容。其中将认知、观察、解释三个要素设计在一个整体中，来作证评估的效果[3]。

强调知识在智力中表征、组织和处理的方法，学习的社会维度也得到了关注，包含对社会的理解与参与性实践。评估也超越了对局部技能与离散知识点的掌握，推动学生将更宽阔的方面包括进来。

（1）对元认知的评估。元认知是对人自己的思维反思和导向过程。利用元认知策略监控问题解决过程，并执行自我调整，对有效的思维和问题解决十分重要。因此，评估中力求判明个体是否具有良好的元认知技能。

（2）对实践和反馈的评估。在教学和学习过程中提供给学生及时的、信息量丰富的反馈，特别对技能训练和掌握是有效的。

（3）对情景和迁移的评估。知识与理论有着依附的特定情境，这种特定情境的存在使知识的学习、应用和发展有相对固定的模式。迁移的进行和发展出自对运用所学知识的清晰理解。

（4）对社会文化情境的评估。社会是人类所学习到的东西的最大情境。知识经常起始于有特色的社会文化背景的课堂情境中。评价是用来检验学生在交流和练习中理解的程度和适应该情境的程度[4]。

3.2 信息技术与课程整合的教学结构和基本属性

现代教学系统是由教师、学生、教材（教学内容）和教学媒体这四个要素构成的动态系统。四个要素彼此相互联系、相互作用而形成有机整体。教学结构是指在一定的教育思想、教学理论和学习理论指导下，在一定环境中展开的教学活动进程的稳定结构形式（图3-1）[5]。

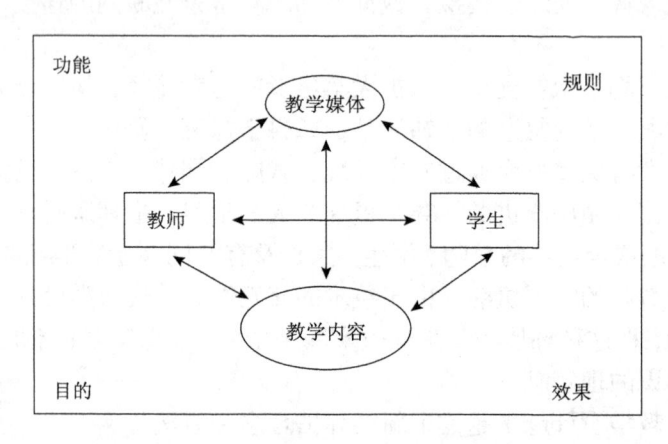

图 3-1　现代教学系统的要素构成

传统学科教学的结构中多以教师为中心，强调教师的主体地位，有利于知识体系的传授，而忽视了学生是学习的主体。在实际应用中，这种结构有利于教师主导课堂教学的开展与深入，但不利于培养学生的独立自主性、创新精神与思维，更加不适应现代教学所提倡的探究教学的方式和学生能力的培养。

随着建构主义学习理论的产生与应用，以学生为中心的教学结构逐渐受到了重视。注意在学习过程中发挥学生的主动性、积极性，相应的教学设计主要围绕自主学习策略和学习环境两个方面进行。强调学生是学习过程的主体，是知识意义的主动建构者，这有利于学生的主动探索、主动发现，有利于创造型人才的培养；如果只强调学生的"学"，那么教师的主导作用、师生之间的情感交流和情感因素在学习过程中的重要作用往往容易被忽视。

在整合实践探索中，教学论指导下的研究探索同时以"学生为主体"和"教师为主导"这种双中心的新型教学结构，可达到教学过程的最优化，使学生获得最佳学习效果的"双主"教学结构。

教学结构具有如下五种基本属性。

（1）教学理论和方法的指导性。不同的教育思想、教学理论和学习理论的指导与应用形成不同的教学结构。教学策略、教学方法可以在不同的教学思想、教学理论和学习理论流派中表现出丰富多彩的结构形式。理论的指导性是教学结构最本质的特性。

（2）教学过程的动态性。不同的教学结构在教学中实现时呈现不同的教学过程，体现了很强烈的动态性变化过程。

（3）结构的系统性。教学结构是由教师、学生、教学内容、教学媒体四个要素在教学活动进程中相互联系、相互作用而形成的稳定系统，继而对教学系统整体进行学科教学的层次性设计。

（4）学科教学中体现的层次性。当四要素中的"教学内容"在涉及学科的具体内容时应考虑不同学科的"下属层次教学结构"，在学科中的不同层次教学内容单元设计中，出现多层次的教学子结构指导具体教学设计。例如，在化学课程中的物质结构与元素周期律的教学设计过程中，其物质结构、元素周期性、周期表、化学键、物质结构形成不同的教学子单元。

（5）结构的相对稳定性。教学结构奠基于具体的教育思想、教育理论与学习理论流派，在它的指导下构成的结构具有相对的稳定性。

在教学系统的四个要素中，对教学结构起决定性作用的是教师和学生。教师与学生相互地位的转化及二者之间的互动，决定了教学活动和教学结构中的基本过程，教学媒体和教学内容在教学中的作用也会随之发生变化，呈现出不同的教学结构[6]。

3.3 以教为中心的教学设计结构与分析

以"教"为主的教学设计理论和方法经过几十年的应用研究与发展，已形成一套比较完整、严密的理论体系，具有较强的可操作性。该结构对客观事实的介绍、行为的矫正、简单认知加工任务（如规则记忆、基本事物的关联、匹配区分等）的完成、动作和操作性技能的学习，甚至问题解决技能的培养（如归类、规则的推导、程序的建立等）等均比较合适。以"教"为主的教学系统设计过程模式目前仍是各级各类教学中的主要教学系统设计模式之一（图3-2）。

以"教"为主的教学系统设计模式的理论基础主要有系统论、学习理论、教学理论、传播理论等。其中，学习理论历经行为主义、认知主义和建构主义等不同发展阶段，对教学系统设计发展的影响十分显著。以"史密斯-雷根模型"为代表，在学习理论方面以加涅的"联结—认知"学习作为其理论基础，具有线形思维特征，成为20世纪90年代教学系统的主导设计思想[7]。

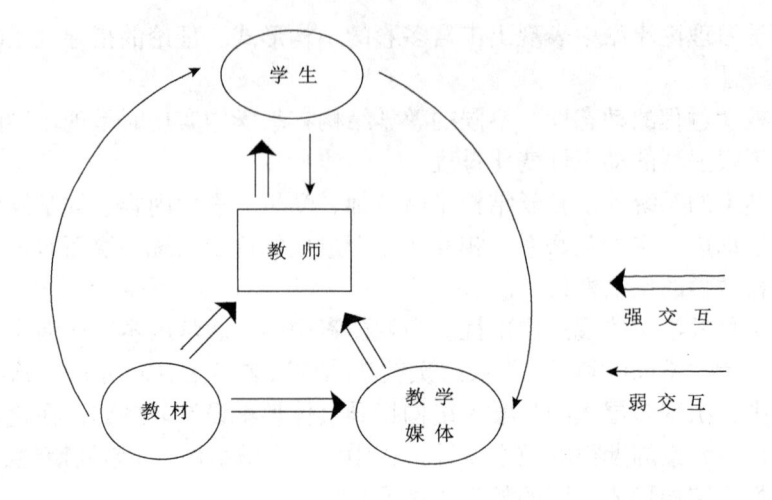

图 3-2 以"教"为主的教学系统结构与关系

3.3.1 以"教"为主的教学系统设计时的三类教学策略

以"教"为主的教学系统设计时的三类教学策略为教学组织策略、教学内容传递策略和教学资源管理策略。

（1）教学组织策略是指有关教学内容应按何种方式组织、次序应如何排列及具体教学活动应如何安排的策略。教学组织策略通常可分成"宏观"和"微观"两类。宏观教学组织的原则是要揭示学科知识内容中的结构性关系，也就是各个部分之间的相互关系；微观教学组织的原则则强调按单一主题组织教学，其策略部件包括定义、例题、练习等。在实际教学中，宏观用来指导对学科知识内容的组织和对知识点顺序的排列，它是从总体来考虑学科知识内容的整体性以及其中各部分之间的相关性；微观则是如何为特定的知识内容提供"处方"，它考虑的是一个概念或原理的具体教学方法。

（2）教学内容以什么样的媒体形式、顺序传递给学生，以及教学过程如何开展有效的交流活动，而传递策略是指根据教学目标、学生特征及各种媒体的教学特性来选择正确的媒体形式。教学顺序方面加涅提出了直线式教学顺序，布鲁纳提出了螺旋式教学顺序，奥苏贝尔则为确定教学顺序提出渐进分化和综合贯通的原则。瑞格鲁斯等综合了加涅和奥苏贝尔等的研究成果，提出了确定教学顺序的精细加工理论。

精细加工理论关注的是概念、步骤和原理的教学。该理论主张教学内容应该结构化，先给学生呈现一种特殊的总述，也称为一般概念，其中包含比较概括和基本的观点，然后通过呈现对这些基本观点详加解释的方式来进行教学。总的来说，教学顺序的安排要符合从整体到部分、从一般到个别、从已知到未知的规律，同时要充分注意学习内容之间的相互联系[8]。

（3）教学资源管理策略考虑的是在教学过程中如何运用组织策略和传递策略，从而达到预定的教学效果。主要包括教学活动的控制管理、教学进度管理和教学资源管理等的策略。其中主要的是教学活动的控制管理策略。

教学系统设计模型把教学的"修改"放在评价模块中，因为修改是以评价所得到的反馈信息与数据为依据进行调整、变化的；置于"形成性评价"之后，使该模型更具有说服力。

3.3.2 以"教"为主的教学系统设计的发展与过程分析模式

在"史密斯-雷根模型"的基础上，我国教育技术学家何克抗和李克东教授进行了大量的实验探索，提出了一种新的经过扩展的教学系统设计模式（图3-3）。

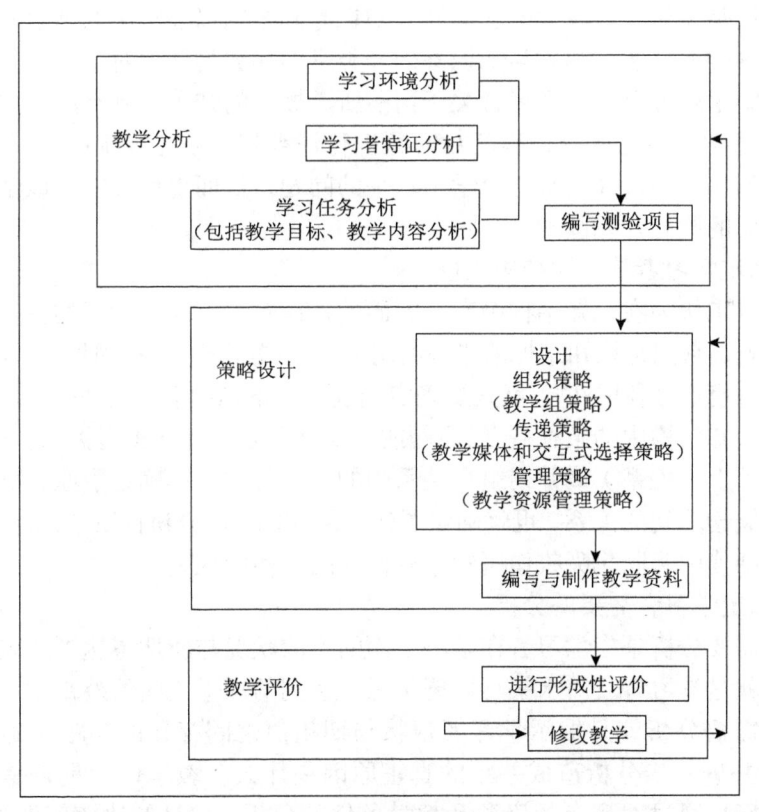

图3-3 以"教"为主的教学系统的教学过程[9]

以"教"为主的教学系统设计模式主要由学习者特征分析、教学策略的设计和教学评价三个部分组成,每一部分又由若干相关要素组成。

1. 学习者特征分析

主要目的是了解教学对象——学习者的特征,为后续的设计提供依据。学习者特征主要涉及智力因素和非智力因素两个方面。与智力因素有关的特征主要包括个体认知发展的一般特征、知识基础、认知能力、认知结构变量等;与非智力因素有关的特征则包括兴趣、动机、情感、学习风格、焦虑水平、意志、性格及学习者的社会文化和宗教背景等。一般主要关注以下几方面内容。

1)确定学习者的原有知识基础

了解学习者的原有知识基础和认知能力的目的是为了确定所需学习的新概念、新知识的教学起点。对学习者原有知识基础的确定既可通过对预备技能和目标技能进行测验、分析的方式进行,也可采用"分类测定法"和"二叉树探索法"。分类测定法是先对当前所学概念的原有知识基础按照以往学生的理解和掌握情况分成若干种类型,然后利用与知识基础分类密切相关的问题对学习者进行测试,根据测试结果就可以推知学习者关于当前所学概念的知识基础类型。二叉树探索法是根据已学过概念的难易程度对问题进行仔细划分,并将它们按由易到难的程度线形排列,从中选择出最符合学生水平的问题,从而也就确定了该学生关于当前所学概念的原有知识基础。

2)确定学习者的认知结构变量

奥苏贝尔认为在认知结构中有三方面的特性对于有意义学习的发生与保持产生重要影响,它们是认知结构的"可利用性""可分辨性""稳固性"。要确定认知结构是否具有"可利用性",就是要确定当前所学的新概念、新命题、新知识与学习者原有认知结构中的某种概念、命题或知识之间是否存在类属关系(下位关系)、总括关系(上位关系)或并列组合关系中的某一种关系;确定了原有概念与当前所学的新概念之间的关系,也就确定了认知结构的"可分辨性";然后需要分析学习者认知结构中起同化吸收作用的原有概念的"稳固性"。

3)确定学习者需要的分析

学习需要分析是指学习者在学习方面的目前状况与所期望达到的状况之间的差距,也就是学习者目前水平与期望学习者达到的水平之间的差距。

学习需要分析就是揭示学习者现状与期望值之间存在的差距,确定学习者的需要,并进一步分析造成差距的真正原因是什么,教学设计是否是解决问题的正确途径,通过对现有的资源及教学条件的分析,论证解决该问题的可能性,在此基础上来确定优先解决的问题和要达到的总的教学目标,为后续工作提供依据。

4）确定教学目标的分析与阐明

教学目标也称行为目标，是对学习者通过教学以后将能达到何种状态的一种明确的、具体的表述。教学目标应是可观察、可操作和可测量的。

5）确定选择与组织教学的内容

通过对学习需要的分析，确定了教学设计的课题和总的教学目标。为了保证教学目标的实现，要求教学必须有正确的、合乎目标的教学内容。教学内容是指为实现教学目标，要求学生能够系统学习的知识、技能和行为经验的总和。分析教学内容是对学生起始能力转变为终点能力所需要的从属知识、技能及对其上下、左右的知识结构关系进行详细分析的过程。主要包括选择与组织教学单元、确定单元学习目标、确定任务类别和分析任务、评价所选内容等步骤。主要有三种指导思想：一是布鲁纳提出的螺旋式编排；二是加涅提出的直线式编排；三是奥苏贝尔提出的渐进分化和综合贯通的原则。

2. 教学策略设计

教学策略是对完成特定的教学目标而采用的教学活动的顺序、方法、形式、技术等因素的总体考虑。教学策略的设计用来体现教学的各个环节。以教为主的教学策略主要有先行组织者教学策略、五段教学策略、九段教学策略、假设—推理教学策略、示范—模仿教学策略等。

1）先行组织者教学策略

奥苏贝尔认为能促进有意义学习的发生与保持的最有效的策略是利用适当的引导性材料对当前所学新内容加以定向与指导，以便建立新、旧知识之间的联系。这些引导性材料通常在介绍当前学习内容之前呈现，称为"先行组织者"。先行组织者的作用是将学习者认知结构中的"原有观念"用适当的语言文字、媒体或二者结合的形式表述或呈现出来。

先行组织者教学策略的实施步骤为：确定先行组织者—设计教学内容的组织策略。根据先行组织者（上下位组织者、并列组织者）类型的不同，对教学内容的组织相应地也有三种不同的策略："渐进分化"策略、"逐级归纳"策略和"整合协调"策略。渐进分化策略是指首先讲授最一般的，即包容性最广、抽象概括程度最高的知识，然后根据包容性和抽象程度递减的次序逐渐将教学内容一步步分化，使之越来越具体、深入；逐级归纳策略是指先讲包容性最小、抽象概括程度最低的知识，然后根据包容性和抽象程度递增的次序逐级将教学内容一步步归纳，每归纳一步，包容性和抽象程度即提高一级。"渐进分化"和"逐级归纳"正好是互逆过程。当先行组织者和当前教学内容并无上位和下位关系时，则运用整合协调策略，使学习者原有认知结构中的有关要素被重新整合，以便把当前所学的新概念纳入认知结构的某一层次之中，并类属于包容范围更广、抽象概括程度更高的概念系统之下，从而得到新的稳定、协调的认知结构形式[10]。

2）五段教学策略

这种教学策略的主要步骤是：激发动机—复习旧课—讲授新课—运用巩固—检查效果。这是一种接受性学习策略。优点是能使学生在较短时间内掌握较多的系统知识，能体现"教学"作为一种简约的认识过程的特性。缺点是学生在这种教学过程中往往处于被动地位，不利于他们学习主动性的发挥。奥苏贝尔认为"接受学习"不一定是机械的、被动的，关键是能否使新知识与学生原有认知结构建立有意义的联系；能否激发学生主动地从自身的认知结构中提取出有关的旧知识来同化新知识。

3）九段教学策略

这是美国教育心理学家加涅将认知学习理论应用于教学过程的研究而提出的一种教学策略。加涅认为，教学活动是一种旨在影响学习者内部心理过程的外部刺激，因此教学程序应当与学习活动中学习者的内部心理过程相吻合。根据这种观点他把学习活动中学习者内部的心理活动划分为九个阶段，相应的教学程序也应包含九个步骤：期望、注意、选择、编码、储藏、检索、迁移、反应、强化。

九段教学策略有认知学习理论做基础，不仅能发挥教师的主导作用，也能激发学生的学习兴趣，在一定程度上调动了学生的学习主动性、积极性。此外，九段教学策略的实施步骤具体明确，可操作性强，便于编程实现，因此比较适用于CAI 系统[11]。

4）假设—推理教学策略

假设—推理教学策略是一种侧重培养学生逻辑思维能力的教学策略。主要步骤是：问题—假设—推理—验证—结论。

"问题"阶段，教师应提出难易适中的问题，并使学生明确问题的指向性。

"假设"阶段，教师应运用问题情景引导学生通过分析、综合、比较，努力提出各种假设，并围绕假设进行"推理"，从而逐步形成当前教学目标所要求掌握的概念。

"验证"阶段，应由教师或学生自己进一步提出事实来说明和验证刚获得的概念。

"结论"阶段，由教师引导学生回顾教学活动，分析思维过程，总结学习收获。

5）示范—模仿教学策略

这种策略适合于实现动作技能领域的教学目标。它的主要步骤是：定向—参与性学习—自主学习—迁移。

"定向"阶段，教师要向学生阐明动作要领和操作原理，还要向学生做示范动作。

"参与性学习"阶段，教师指导学生从分解动作开始，做模仿练习，并根据每次练习结果给予帮助、纠正和强化，使学生基本掌握动作要领。

"自主学习"阶段，学生由单项动作与技能的练习转向合成动作与技能的练习，并可逐步减少甚至脱离教师的现场指导。

"迁移"阶段，要求学生不仅能独立完成动作技能的操作步骤，还能将习得的技能自动地应用于其他类似的实验情景中[12]。

3.3.3 以教为中心的教学设计结构的特点

教师是知识的传授者，是主动的施教者，实施整个教学活动；学生是知识传授对象，是外部刺激的被动接受者；教学媒体与技术是辅助教师教学的工具；教材是学生的学习内容，是学生知识的主要来源。

这种结构的优点是：有利于教师主导作用的发挥，便于教师组织、监控整个教学活动进程，便于师生之间的情感交流，因而有利于系统的科学知识的传授，并能充分考虑情感因素在学习过程中的重要作用。不足的是：完全由教师主宰课堂，忽视学生的学习主体作用，不利于具有创新思维和创新能力的创造型人才的成长[13]。

3.4 以学为中心的教学设计结构

进入 20 世纪 90 年代以后，随着信息技术和教育网络的日益普及，以及建构主义的学习理论被人们逐步接受，以"学"为主的教学系统设计思想日益受到重视。这种基于建构主义理论的教学系统设计重视"情景""协作"在教学中的重要作用，强调发挥学习者在学习过程中的主动性和建构性，有利于创造型人才的培养，满足信息化和知识经济社会对人才所提出的种种要求。

3.4.1 以"学"为主的教学系统设计指导思想

建构主义学习理论对教学系统设计的指导思想是：以问题为核心来驱动学习，问题可以是项目、案例或实际生活中的真实事件，强调以学生为中心。各种教学要素作为广义的学习环境来支持学习者的自主学习、引发学习者提出或确认某一问题，使学习者迅速地将该问题作为自己的问题而接纳，利用问题刺激后续的学习活动；学习问题必须在真实的情景中展开，是与生活、社会、环境相关的真实任务。

重视合作学习，要求学习环境能够支持合作学习，通过学习来培养学生的合作和团队精神；重视整体性和过程参与性评价，不主张过分关注标准性结果参照评价。要求设计能保证学习任务展开的学习环境，提供专题性的学习资源和认知工具，帮助学习者在设计中的活动；应用多种自主学习策略，使学生在主体性学习中顺利进行探究。

3.4.2 以学生为中心教学结构的特点

学生是信息加工的主体，是知识意义的主动建构者；教师是课堂教学的组织者、指导者，是学生建构意义的帮助者、促进者；教学媒体与技术是促进学生自主学习的认知工具、情感激励工具；教材不是学生唯一的学习内容，在自主学习中，学生从其他途径（如图书馆、资料室及网络）来获取大量的知识。

3.4.3 以"学"为主的教学系统设计模式

以"学"为主的教学系统设计模式（图 3-4）是以问题或项目、案例、分歧为核心，建立学习"定向点"，然后围绕这个"定向点"，通过设计"学习情景""学习资源""自主学习策略""认知工具""管理与帮助"等环节而展开。

1. 教学目标分析

教学目标分析是为了确定学生学习的主题与内容，包含学科基本概念和原理、基本方法和基本过程有关的多维教学目标。教学目标是从学习者所需要的课程标准、教材和教学安排中确定，有着学科本身和学习者认知的内在逻辑体系。

建构主义在哲学上强调学习内容的自主建构，强调事物的多样性、复杂性。不同人对同一事物可得出不同的理解，教学目标的确定应有一定的弹性、可变化性，采用认知目标分类的层次来标识；同时强调知识的情景性、整体性，学生应在完成真实任务的过程中达到学习的目标，应采用一种整体性的教学目标编写；还要注意到学习目标与教学目标的区别，教学目标是所有学习者都应达到的学习要求，学习目标则是学生自己确定的，它们在很多情况下是一致的，有时由于学习者知识背景、兴趣爱好和能力的不同，其学习目标的达成也不完全相同。对所学知识结构的详细分析，将有助于设计更合理的学习环境和活动，减少非学习范围的错误探索，提高学习效率。

2. 学习者特征的分析

学生是学习的主体，是意义的主动建构者。学习者是内因，教师的作用是外因，内因是事物发展变化的决定因素。因此，分析的主要目的是设计适合学生能力与知识水平的教学内容、问题和教学策略，提供丰富的学习资源和恰当的指导来促进学习。

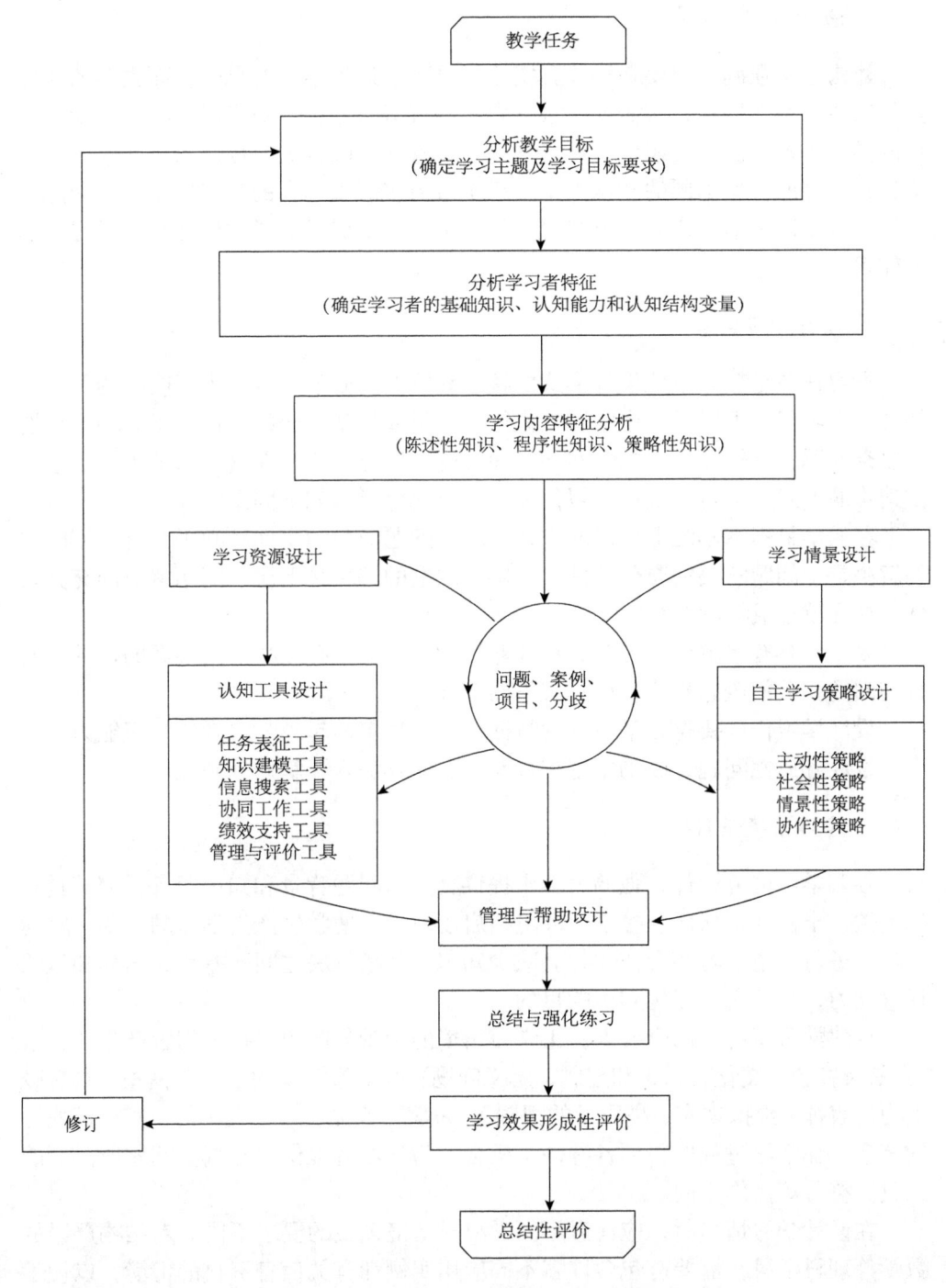

图 3-4 以"学"为主的教学系统设计模式

3. 教学内容的分析

建构主义强调学习要在解决真实任务过程中达到学习的目的。而真实的任务如何来体现教学目标，这需要对教学内容进行深入分析，明确所需学习的知识内容的类型（陈述性、程序性、策略性知识）及知识内容的结构体系，能够涵盖教学目标，才能根据不同的知识类型，将学习内容嵌入不同的学习环境中，如陈述性知识可以通过学习资源的方式提供，而策略性知识可以通过设计自主学习活动来体现。

4. 设计学习任务

学习任务是教学系统设计模式的核心和重点，向学习者提出了明确的目标、任务。学习任务可以是一个问题、案例、项目或是观点分歧，代表了某种连续性的复杂问题，能够在学习的时间和空间维度上展开，要求在真实的情景下通过自主建构的方式来学习。设计学习任务时，应充分考虑如下因素。

在教学目标基础之上提出的系列问题，问题应分为主问题和子问题，子问题的解决是主问题解决的充分条件。下层子问题的解决是上层子问题解决的充分条件，这样就形成树状结构。

要设计具有多解或者无解的特征非良构的问题，有多种评判答案的标准，而且与问题相关的概念理论基础具有不确定性。

设计学习任务要符合学习者的特征，不能过多地超越学习者的知识能力。

设计开放性问题，鼓励学生积极参与，使其深入了解任务领域。

5. 学习情境设计

强调学习情境设计，强调为学生提供真实的问题背景和知识背景，使其具有生动性、丰富性，从而支撑学习环境，启动教学，使学生产生学习的需要，驱动学习者进行自主学习和合作学习。减少知识与问题解决之间的差距，培养知识的迁移能力，达到主动建构知识的目的。

构建学习情境有两个要素：①学习情境的背景与起源，描述问题产生的背景（自然及社会、文化背景）和控制、定义问题；②学习情境的表述及模拟，具有吸引力的表征（虚拟现实、高质量的视频），为学习者提供一个真实的、富有挑战性的背景，在学习过程中得到各种锻炼机会，为学习者提供感知真实问题所需要的工具、符号等操作空间。

在设计学习情境时，应注意不同学科对情境创设的要求不同。对结构严谨的数学等理科学科，需要有包含许多不同应用实例和有关信息资料的情境，以便学习者根据自己的兴趣、爱好去主动发现、主动探索；对结构较松散的文科学科，需要有接近真实生活的情景，使学习者产生身临其境的感觉，从而激发学习者参与交互式学习的积极性，在交互过程中完成问题的理解、知识的应用和意义的建构。这两种环境都要包含帮助系统，能在学习过程中及时提供咨询与帮助。

在教学目标分析的基础上确定要学习的基本概念、基本原理、基本方法和基本过程，这些都将作为情景创设的"主题"。学习任务与真实学习情景相融合，以自然的方式展现学习任务所要解决的矛盾和问题。

学习情境只是促进学习者主动建构知识意义的"外因"。理想的学习情境是为促进学习者自主学习、最终完成意义建构服务的。

6. 学习资源的设计

学生自主学习是在丰富的学习资源的基础之上进行的，学习者为了了解问题的背景与含义、建构自己的问题模型和提出问题解决的假设，需要知道有关问题的详细背景，并需要了解必要的预备知识。在设计时，要仔细考虑学生解决问题需要的信息资料、需要了解的知识，建立系统的信息资源库，提供专业化的搜索引擎。

7. 提供认知工具

Derry 在 1990 年提出：认知工具是支持和扩充使用者思维过程的心智模式和设备，是指与通信网络相结合的广义上的计算机工具，用来帮助和促进认知过程，进行信息与资源的获取、分析、处理、编辑、制作等，表征自己的思维和思想，在培养学生批判性思维、创造性思维过程中起着重要作用。

常用的认知工具有六类：问题/任务表征工具、静态/动态知识建模工具、绩效支持工具、信息搜集工具、协同工作工具、管理与评价工具。

8. 自主学习策略设计

自主学习策略设计是指为了激发和促进学生有效学习而安排的各种模式和方法，来发挥学生学习的主动性、积极性及主体作用。在设计自主学习策略时，要考虑主、客观两方面因素。客观是指知识内容的特征，它决定学习策略的选择，如对于复杂的事物和具有多面性的问题，在教学中就要注意对同一教学内容，在不同的时间、不同的情景下，达到不同的教学目的，用不同的方式加以呈现。这样学习者可以通过不同途径、不同方式进入学习，从而获得对同一事物或同一问题的多方面的认识与理解。

9. 管理与帮助设计

教师有控制、管理、帮助和指导的职责。不同的学生所采用的学习路径、遇到的困难不相同，教师需针对不同情况做出适时反馈；学生在自主学习过程中，面对丰富的信息资源容易出现学习行为与目标相偏离的情况，教师要注意启发、引导，促进学生学习；为了使意义建构更有效，教师还应组织协作讨论，启发诱导学生自己去发现规律、纠正和补充片面的认识，对协作学习过程进行引导。教师是教学过程的管理者、指导者、意义建构的帮助者、促进者。

10. 总结与强化练习

适时的教学总结可有效地帮助学生将零散的知识系统化。在总结之后，应为学生设计出可供选择、并有一定针对性的补充学习和强化练习材料，以便检测、巩固、拓展所学知识。这类材料和练习既要反映基本概念、基本原理，又要满足不同学生的要求，通过强化练习纠正原有的错误理解或片面认识，最终达到符合要求的意义建构。

11. 教学评价

评价不能仅依据客观的教学目标，还应使用自我分析和元认知工具进行学习任务的整体性评价、学生参与度的评价等。通过完成一个真实的学习或研究任务来检验学生学习的结果。

以"学"为主的教学系统设计有利于学生的主动探索、主动发现，有利于创造型人才的培养，因此近年来备受人们关注。但仍有其自身的一些局限性：还没有形成用于分析和设计学生学习环境和自主学习策略的教学设计理论框架；由于只强调学生的"学"，容易忽视教师主导作用的发挥，忽视师生之间的情感交流和情感因素在学习过程中的重要作用；当学生自主学习的自由度过大时，还容易偏离教学目标的要求。

寻找和摸索更新型的教学结构，努力做到既发挥教师的指导作用，又充分体现学生的学习主体作用，既注意教师的教，又注意学生的学，把教师和学生两方面的主动性、积极性都调动起来，就会形成一种新的教学结构，即"主导—主体"教学结构。这种教学结构也可称之为"学教并重"教学结构，既充分体现学生的学习主体作用，又不忽视教师的指导作用，从而调动了教与学两个方面的主动性、积极性[14]。

3.5 "主导—主体"教学设计结构、流程与特点

这种教学结构吸收了两种不同的教学结构及理念，其核心在于既发挥教师的"指导"作用，又充分体现学生的主体"探究"作用。在按照这种教学结构

所形成的信息技术与教学整合的活动过程中，学生是信息加工的主体和有意义知识体系的主动建构者，教师是教学过程的组织者、指导者。教材（教学内容）和信息资源所提供的知识不再是教师灌输的内容，也不是学生知识的唯一来源，而是学生主动建构意义的对象之一；信息技术是用来创设情境、进行协作学习、讨论交流的，是学生自主学习和协作式探索的认知工具与情感激励工具[15]。

3.5.1 "主导—主体"教学结构中各要素之间的相互关系

在双主的教学设计结构中，教学系统中的教师、学生、教学内容和教学媒体四个要素之间的相互关系如图 3-5 所示。

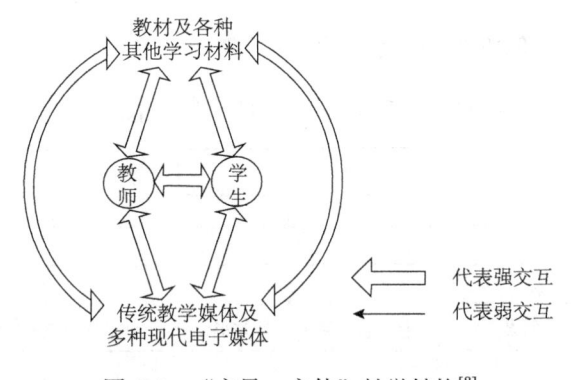

图 3-5 "主导—主体"教学结构[8]

（1）教师和学生之间存在强交互：教师是学生学习的帮助者、促进者，是学生学习活动的组织者和实施者，时刻关注学生的学习过程并为其提供指导和反馈；学生在教师的指导下自主学习，不断与教师进行交流，汇报学习成果，获得教师的反馈。

（2）学生从教材和各种学习资源处得到支持，获得大量的知识信息；同时学生可以对教材和各种学习资源进行挑选、重组，从不同侧面找到与主题相关的内容，二者是双向强交互。

（3）学生依赖教学媒体和学习环境来获得信息，教学媒体为学生创设了适合的学习情境，将大量知识内容蕴于其中；同时学生可根据自己的兴趣选择不同的学习工具、调节媒体呈现的形式和内容，可在一定范围内调节学习的进度，二者是双向强交互。

（4）教师进行教材、教学内容、教学资源的收集、整理，为学生的学习提供相应的信息；教材和教学内容是教师设计教学活动要考虑的重要因素之一，教师的教学活动依赖于相关教学内容的准备，教材对教师也是强交互。

（5）教师要为学生的学习选择教学媒体，对教学媒体的呈现形式、呈现内容进行设计和组织，对相关的学习情境进行设计；教学媒体为多种教学形式的开展提供有力的支持，为教学情境的创设提供不同类型的工具，从教学媒体到教师也是强交互。

（6）教学媒体和学习情境的选择与设计要依赖教材和教学内容；教材和教学内容通过教学媒体和学习情境呈现出来，二者是强交互。

在双主教学结构中，学生处于开放、互动的学习环境中。进行互动和积极自主性学习，有利于创造性思维和实践能力的培养。教师则在内容、媒体、活动设计和指导学习过程中有很强的主导性，保证了学习的方向和指导性，从而有效地提高教与学的质量和效率[16]。

3.5.2 "双主模式"的教学设计步骤和教学流程

"双主模式"通常包含以下 7 个教学设计步骤（图 3-6）。

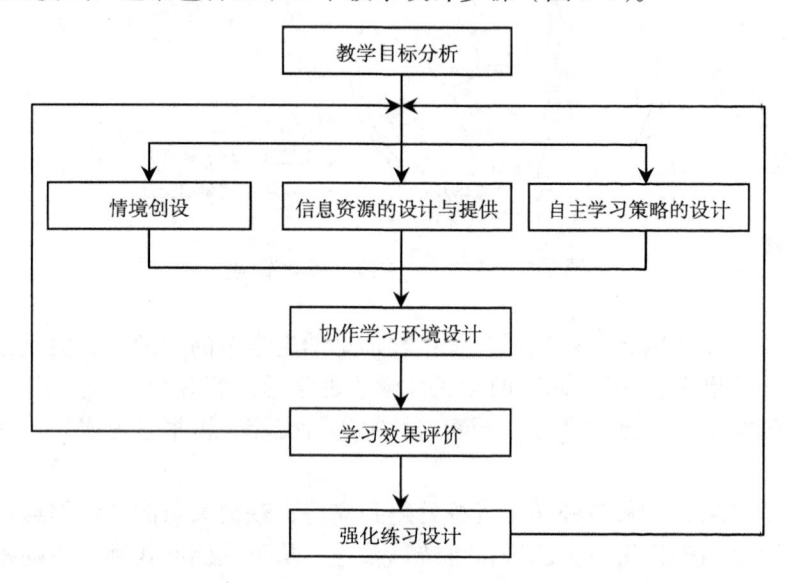

图 3-6 "双主模式"教学设计步骤

这种教学结构体现为教师创设教学情境，准备教学内容，选择教学媒体，设计教学策略（以探究式教学为主），并且作为课堂的主导者，引导学生的学习活动；学生则以教师选择的教学媒体为主，自主选择其他教学媒体，从教师准备的教学内容中主动学习各种知识信息，同时在探究的过程中培养自身多方面的素养和能力。可以看出，在网络化探究教学的过程中，无论是教师的"主导"中心作用还是学生的"主体"中心地位都体现得非常明显。

3.5.3 "主导—主体"教学流程

"主导—主体"的教学流程如图 3-7 所示。

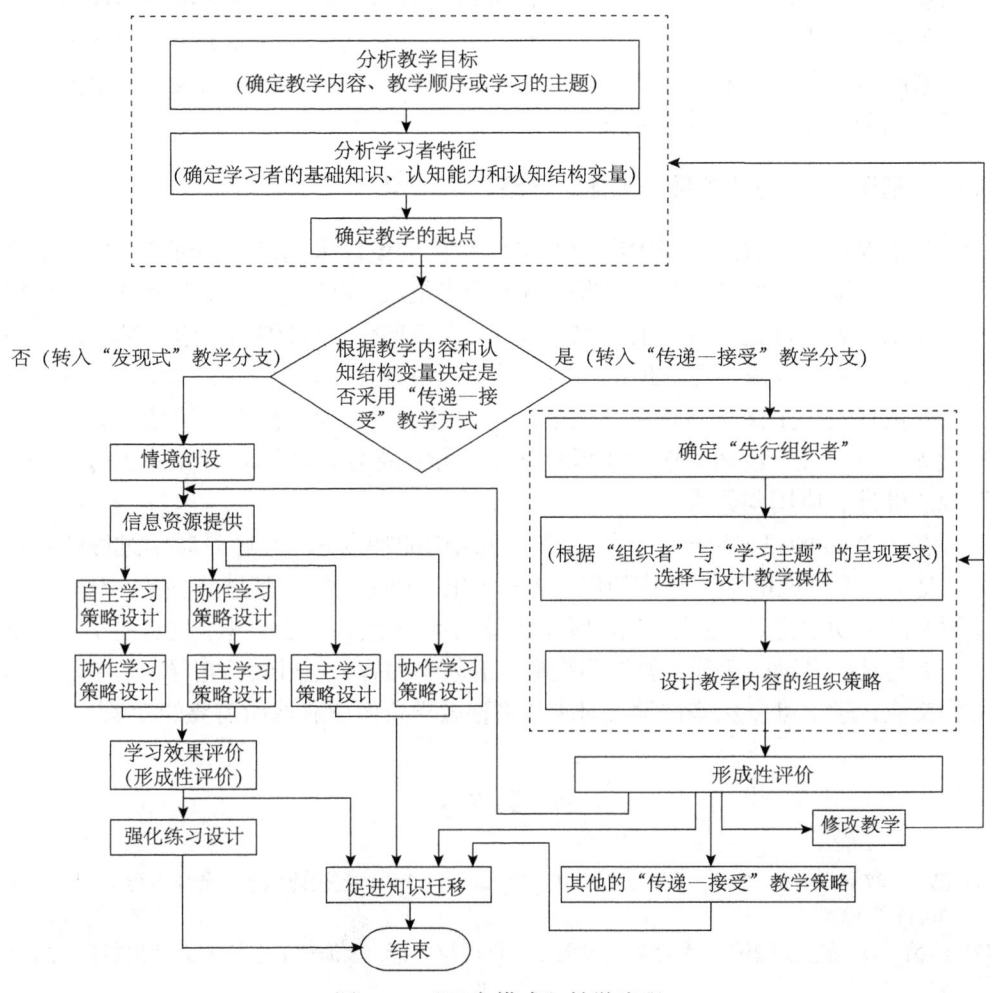

图 3-7 "双主模式"教学流程

"主导—主体"教学流程具有以下四个特点。

（1）可根据教学内容和学生的认知结构情况灵活选择"发现式"或"传递—接受"教学分支。

（2）在"传递—接受"教学过程中基本采用"先行组织者"教学策略，同时也可采用其他的"传递—接受"策略（甚至是自主学习策略）作为补充，以达到更佳的教学效果。

（3）在"发现式"教学过程中也可充分吸收"传递—接受"教学的长处（如

（4）便于考虑情感因素（动机）的影响：在"情境创设"框（左分支）或"选择与设计教学媒体"框（右分支）中，可通过适当创设的情境或呈现的媒体来激发学习者的动机，而在"学习效果评价"框（左分支）或取决于形成性评价结果的"修改教学"框（右分支）中，则可通过讲评、小结、鼓励和表扬等手段促进学习者三种内驱力的形成与发展[17]。

3.5.4 基于 Web 的"主导—主体"网络教学结构

基于 Web 的"主导—主体"网络教学结构的设计采用了这种理念，框架主要由"传递—接受"和"组织—发现"两个分支组成。"传递—接受"分支主要依据奥苏贝尔的教学理论，即"有意义接受学习"理论、布鲁纳的"学科结构论"理论、布鲁姆的"掌握学习"理论、加涅的"学习条件"理论等；"组织—发现"分支主要依据建构主义学习理论与教学理论。"主导—主体"网络教学结构能够很好地发挥二者优势，灵活地应用于课堂教学指导；指导多媒体教学课件和网络教学资源的设计、应用与开发。

基于 Web 的"主导—主体"网络教学结构的特点是：教师是教学过程的组织者，是学生有意义的知识建构的促进者；学生是信息加工与情感体验的主体，是知识意义的主动建构者；信息技术既是教师教学的工具，又是促进学生自主学习的认知工具与情感激励的手段；教材不是唯一的教学内容，通过教师指导、自主学习与协作交流，学生可以从多种学习对象和多种教学资源中获取所需要的知识[18]。

参 考 文 献

[1] 高文. 教学设计研究——荷兰土温蒂大学 Sanne Dijkstra 教授访谈录. 全球教育展望, 2001, 30(1): 7-13.

[2] 约翰·D. 布兰斯福德. 人是如何学习的. 程可拉等译. 上海：华东师范大学出版社, 2002: 271.

[3] Committee on the Foundations of Assessment, Pellegrino J W, Chudowsky N, Glaser R. Knowing What Students' Know: The Science and Design of Educational Assessment. Washington D.C.: National Academy Press, 2001: 2.

[4] 罗伯特·D. 坦尼森, 弗兰兹·肖特, 诺伯特·M. 西尔. 教学设计的国际观第 1 册：理论·研究·模型. 任友群, 裴新宁译. 北京：教育科学出版社, 2005: 1-13.

[5] 黄甫全, 王本陆. 现代教学论学程. 北京：教育科学出版社, 1998: 75-78.

[6] 皮连生. 教学设计：心理学的理论与技术. 北京：高等教育出版社, 2003: 4-7.

[7] 盛群力, 李志强. 现代教学设计论. 杭州：浙江教育出版社, 1998: 290-299.

[8] 余胜泉, 吴娟. 信息技术与课程整合：网络时代的教学模式与方法. 上海：上海教育出版社, 2005: 62-63.

[9] 何克抗, 李文光. 教育技术学. 北京: 北京师范大学出版社, 2002: 168.
[10] 施良方. 学习论. 北京: 人民教育出版社, 1999: 251-253.
[11] Joyce B. 教学模式. 荆建华等译. 北京: 中国轻工业出版社, 2002: 209-216.
[12] 钟启泉, 黄志成. 美国教学论流派. 西安: 陕西人民教育出版社, 1993: 155.
[13] Joyce B. 教学模式. 荆建华等译. 北京: 中国轻工业出版社, 2002: 425-429.
[14] 田本娜. 外国教学思想史. 北京: 人民教育出版社, 1994: 503-505.
[15] 何克抗, 李文光. 教育技术学. 北京: 北京师范大学出版社, 2002: 165-183.
[16] 张秋玲. "主导主体说"内涵的理解及其辨析. 中国教育学刊, 2006, 3: 6-9.
[17] 何克抗, 李克东, 谢幼如, 等. "主导—主体"教学模式的理论基础. 电化教育研究, 2000, 2: 3-9.
[18] 乔爱玲, 王楠. 信息技术环境下"主导—主体"课堂教学模式探索. 中国电化教育, 2005, 11: 83-85.

第二篇

信息技术与课程整合的教学模式和教师信息素养构成

第4章 信息技术与课程整合的教学模式

教学模式是指在一定教学思想指导下，为完成规定的教学目标和内容建立起来的比较稳定的教学程序及其实施方法的策略体系。教学模式是教学理论的具体化，可以直接应用和指导教学实践，有很强的操作性，是教学理论与教学实践之间的桥梁[1]。

4.1 教学模式的结构和特点

美国的乔伊斯和威尔认为，教学模式是构成课程和课业、选择教材、显示教师活动的一种模式或计划。根据教学实践应用，教学模式分为以下四种类型。

（1）信息加工教学模式：依据认知或信息加工学习理论把学习看成认知加工过程。

（2）人格发展教学模式：依据个别化教学理论与人本主义教学思想，强调学习者在教学中的能动性，强调人的潜能与人格发展，提倡个性化的教学。

（3）社会交往教学模式：依据社会互动理论，强调教师与学生、学生与学生之间的相互作用，重视学生社会性的发展。

（4）行为修正教学模式：依据行为主义学习理论，注重行为的控制、修正和培养[2]。

4.1.1 教学模式的结构和基本要素

一个完整的教学模式应包含以下五个基本要素。

（1）教学理论：决定教学实践的形式，从而形成不同的教学模式，直接影响其他四大要素的选择。

（2）教学目标：指模式所能达到的教学结果，是教学者对某项教学活动在学习者身上将产生什么样的效果所做出的预先估计。

（3）教学环节：是教学活动环节的顺序结构，我们要从实际出发，制订多种化学课堂教学模式，从教和学双边相应的活动确立教学环节和顺序，为不同类型的新课、复习课、活动课服务。

（4）教学策略：是教学活动中为教学模式服务并体现教学手段和方法的原则。

（5）教学评价：指教学活动效果的测量，评价标准应对照目标、过程、方法、教师素质和教学效果,要既评教又评学,还要评价对课堂教学模式的应用[3]。

教学模式结构如图 4-1 所示。

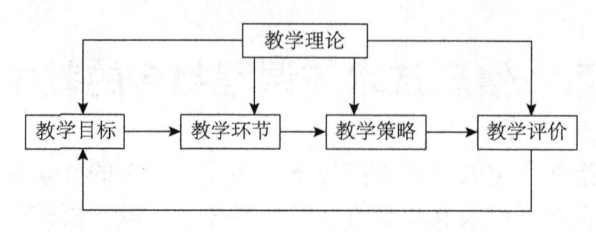

图 4-1 教学模式结构示意图

4.1.2 教学模式的教学特征

教学模式来自于教学实践经验的升华与理论化,有着突出的教学特征。

(1)结构的完整性。教学模式都是由一定的教学指导理论、主题、目标、程序、策略、内容、评价等基本因素组成的,本身具有一套比较完整的结构和机制。这些基本因素的重组和综合,形成了不同功能的教学模式和不同的结构特点。

(2)鲜明的教学个性。每一种教学模式都有明确的主题、一定的目标、有序的进程和适用的范围,个性很强,教学特点鲜明。每一个教学模式既是一种综合,又是多样性中的"特性"。

(3)体系的简明性。教学模式的结构和操作体系,多以精练的语言、形象的图片、明确的符号概括和表达教学过程。这样,既能使那些零乱纷繁的实际经验理论化,又能在人们头脑中形成比抽象理论更具体、更简明的框架。

(4)程序的可操作性。一方面教学模式总是从某种特定的角度、立场和侧面来揭示教学规律,比较接近教学实际而易被人们理解和操作;另一方面教学模式的产生就是为了让人们把握和运用,在特定的教学环境中解决定向问题[4]。

信息技术与课程整合的过程中,根据不同的学科、内容层次和探究学习方法,需要应用多种教学模式来实现教学设计的过程。

4.2 基于问题的学习模式

"基于问题的学习"(problem-based learning)是指把学习置于复杂的、有意义的问题情境中,让学生以小组合作的形式共同解决复杂的、实际的或真实性的问题,来学习隐含于问题中的科学知识,达到解决问题、自主学习及终身学习能力发展的目的。问题情境、学生、教师是"基于问题的学习"的三大基本要素,问题情境是整合过程中的课程核心,学生是解决问题的人,教师是学生解决问题时的指导者和伙伴。

"基于问题的学习"的教学是一种以学生为中心的教学方法；以问题为中心组织教学并作为学习的驱动力；问题是真实的，是培养学生解决实际问题和自主学习能力的手段；往往采用以小组为单位的学习形式；基于绩效的评价，重过程甚于结果。小组学习的形式促进人际交往能力和团队合作能力提高；教师与学生之间的关系更融洽；培养了运用知识的能力、解决问题的能力，提高了整体的学习水平[5]。

4.2.1 "基于问题的学习"基本过程和程序

"基于问题的学习"过程和操作步骤如图 4-2 所示。

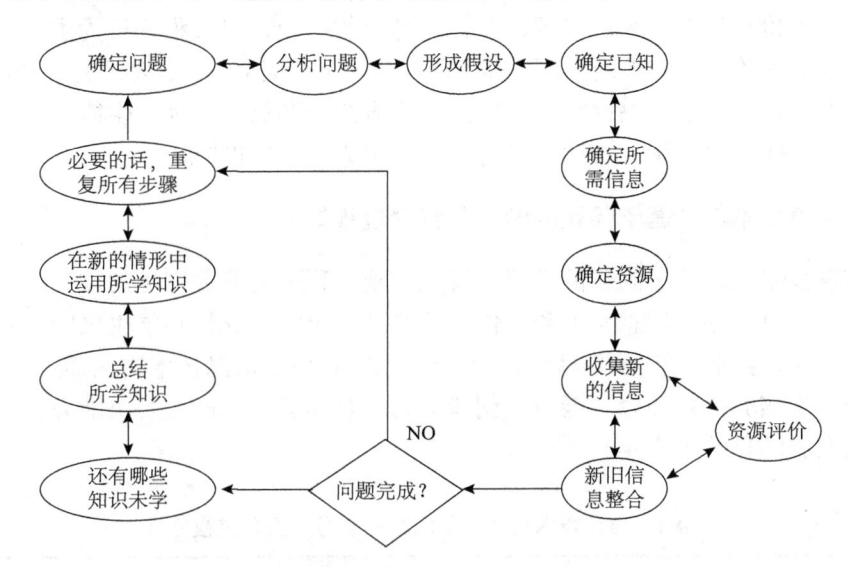

图 4-2 "基于问题的学习"过程和操作步骤①

（1）创设情境、提出问题。教师充分利用各种信息技术，让学生观看相关影视资料、浏览相关网站等，在特定情境下提出引导性问题。学生本人进一步提出更多的问题。

（2）界定与分析问题、组织分工。对所提出或呈现的问题情境仔细阅读，进行分析，小组内进行讨论和理解，确定问题的实质，对问题进行界定、阐述。根据学生的兴趣和能力进行异质分组。提出可能的行动、建议或解决方案。分配学习任务，确定可能的资源。

（3）探究与解决问题。根据解决方案，通过各种途径，如查阅书籍、登录相关网站、走访相关人员、实验等取得相关信息，进行归类、整理、分析，相互交

---

① 资料来源：http://www.tufts.edu./med/curriculum/pbl/event-update-062901.htm

流,形成解决方案。小组成员面对面或者通过电子邮件、聊天室、电子公告板、电子会议系统进行交流,交换意见、思考解决方法。在研究数据的基础上,各个小组对可能的解决方法进行权衡,对可能采取的路线进行考虑,提出建议和主张。

(4)汇报与成果展示。用电子幻灯片、网页等形式陈述、展示小组对解决问题的建议、预言、推论或其他合适的解决办法。要准备好相关的证明材料,以说明自己的观点、方案等。

展示的具体内容包括:小组成果展示、小组活动的计划和任务安排、小组各成员如何完成任务、小组怎样开展协作活动等。

(5)评价与反馈。采用自评、互评、师评相结合;以过程评价为主,终结性评价为辅的评价方法;采用书面考试(笔试)、实践考试(操作考试)、现场考试、概念地图、口头陈述、书面报告、作品选等方式来测试与反馈学生能力提高、知识获取、合作情况、学习态度、最终作品五个方面的成就[6]。

4.2.2 信息技术与"基于问题的学习"整合过程的分析

信息技术在"基于问题的学习"模式实施过程中起着关键性的作用,它支持模式中的信息搜寻、信息交流和合作、认知及评价等;支持在学生之间、师生之间进行交流、合作,实现绩效评估;整个过程中发挥了信息技术的认知工具作用,以帮助学生培养批判性思维能力、创造能力、合作能力、问题解决能力,从而达到全面发展的目的(表4-1)[7]。

表 4-1 信息技术与"基于问题的学习"整合过程分析

基于问题的学习(PBL)		信息技术(IT)	具体活动策略
情境创设(确定问题)		虚拟现实技术、多媒体教学软件、网络资源	教师利用多媒体、网络资源等创设情境,学生感受情境、确定问题
分析问题(形成假设)		专家系统、语义网络、电子白板	教师引导学生分析问题情境,确定已知、确定所需信息、所用资源
解决问题	收集新的信息	各种信息搜索工具、在线资源、电子书籍、电子刊物、数据库	信息资源教师指导学生学会计算机信息查找方法,学生收集信息
	资源评价(整理、分析、共享信息)	E-mail、网站论坛、BBS、邮件列表、电子通信系统、新闻组、聊天室、视频点播、计算机会议、视频会议系统、留言板、电子会议系统	对获取的信息进行筛选,形成自己的观点。课题组集体探讨,或通过网络和BBS、聊天室进行信息交流
	信息整合,形成解决方案,得出解决结果	电子报表、电子通信系统	把经过整理的信息整合起来,创建解决方案,得出解决方案

续表

基于问题的学习（PBL）	信息技术（IT）	具体活动策略
展示作品（陈述结果）	电子幻灯片、网页制作工具、电子会议系统	班级交流会、网上答辩
评价、总结	自我测试工具、专家系统	自评、互评、师评

4.3 基于项目的学习模式

"基于项目的学习"（project-based learning）是以学科的概念和原理为中心，以作业、报告、论文的形式，借助多种资源开展探究活动，并在规定时间内解决相互关联的问题的一种新型的探究性学习模式。

"基于项目的学习"的教学特征是由来源于现实生活的、激发性的、多种学科交叉的问题构成项目，来组织和激发学习活动；在交流和讨论的基础上，需要形成系列的最终成果、结论来报告；解决项目需要运用多种学科交叉的知识；强调学习活动中师生及相关人员的合作，形成"学习共同体"；最终成果和作业能够与教师、家长进行交流和分享，在现实生活情景的项目中进行探究，巩固学科知识的核心概念和原理，掌握或熟悉一定的技能。

"基于项目的学习"的优势：能够充分发挥学生的自主性，强调多种学科知识的交叉；强调学习与现实生活的联系；有利于团队协作精神的培养；有利于学生掌握学习的方法，学会学习；有利于学生创新精神的培养；有利于动手能力和解决实际问题能力的培养。

4.3.1 "基于项目的学习"模式的结构组成

"基于项目的学习"教学模式主要由内容、活动、情境和结果四大要素构成（图 4-3）。

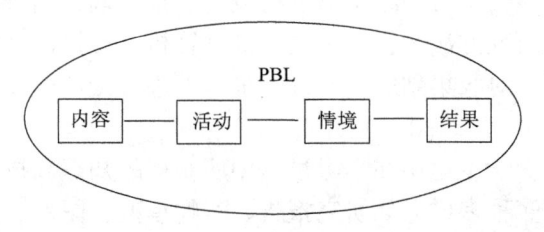

图 4-3 "基于项目的学习"教学模式的结构组成

（1）内容：是现实生活和真实情境中表现出来的各种复杂的、非预测性的、多学科知识交叉的问题。

（2）活动：学习者采用一定的技术工具（如计算机）和一定的研究方法（如

调查研究）对解决所面临的问题而采取的探究行动。

（3）情境：支持学生进行探究学习物质实体的学习环境或基于信息技术构成的虚拟环境。

（4）结果：指在学习过程中或学习结束时学生通过探究活动所掌握的知识和技能。

4.3.2 "基于项目的学习"模式的教学步骤分析

"基于项目的学习"的操作程序可分为选定项目、制订计划、活动探究、作品制作、成果交流和活动评价六个步骤（图4-4）。

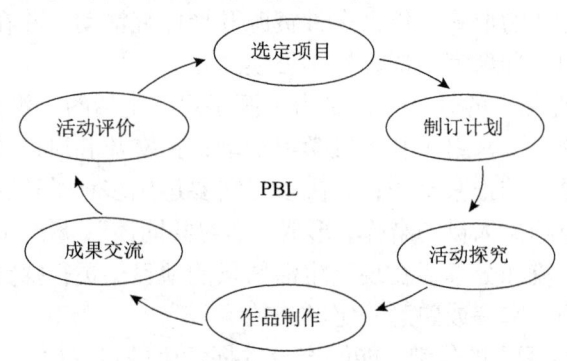

图4-4 "基于项目的学习"模式的教学步骤

（1）选定项目。学生根据兴趣选定项目，教师仅是指导者角色，对学生选定的项目进行评价和指导，不能把某个项目强加给学生。

（2）制订计划。制订学习时间的详细安排和活动计划。对项目学习进行总体规划和时间安排，对项目学习中所涉及的活动预先设计。

（3）活动探究。这是项目的主体部分，主要的知识内容和技能技巧在此过程中完成。活动内容包括学习小组实地进行调查、记录调查结果、提出解决问题的假设、借助一定的研究方法／技术工具（如计算机、扫描仪、数码相机、数字传感器等）收集信息、对收集到的信息进行加工处理，验证假设及最终得出问题解决的方案与结果。

（4）作品制作。学生运用在学习过程中所获得的知识和技能来完成作品的制作。作品的形式可多种多样，如研究报告、实物模型、图片、录音、录像、幻灯片、网页、戏剧表演等。

（5）作品交流。学习小组相互交流学习过程中的经验，分享作品制作的成功和喜悦。成果交流的形式有展览会、报告会、辩论会、小型比赛等。参加成果交流的可以是本校的师生、家长、领导、相关专家等。

（6）活动评价。内容有课题的选择、学生在小组学习中的时间安排、结果表达和成果展示等。对结果的评价强调学生对知识和技能的掌握程度（如作品的技术性、艺术性等），对过程的评价强调实验记录、各种原始数据、活动记录表、调查表、访谈表、学习体会等的汇集[8]。

4.4 网络个性化学习模式

个性化学习是指在学习者组成的小团体中开展的一种学习方式。在这个团体中，个性化学习要求学习者与教师和同伴建立起个人联系，这样，学习者就能更好地了解自己的学习需求，达到学习目标。同时也给教师提供了更多接触和了解学习者的机会，使教师能够根据每个学习者的具体情况来安排课程。每一个学习者都能找到一种归属感，实现自己独特的身份、课程焦点和学习目的。在充分了解和充分发挥学习者个性的基础上，根据学习者个体所需提供最佳的教学方法和教学策略。

网络个性化学习（e-learning personalization）是指在网络环境下实现的个性化学习。网络个性化学习是将个性化支持技术整合到网站设计中，使服务器上的学习管理系统能根据每个学习者的需要进行调控。在网络个性化学习系统中，多个学习者浏览同一个网站或同时接受网络教育时，他们接受到的都是根据个人需要而提供的完全不同的信息与资源。

4.4.1 网络个性化学习模式的优势

（1）使复杂的教学过程简单化。网络专家学习系统能够在恰当的时机以恰当方式给学习者呈现恰当的信息，使学习者利用最少的时间获得最大的学习效果，实现教与学的最优化。

（2）实现因材施教。通过与每一个学习者建立一对一的联系，切身地了解学习者的状况和需求，使学习者按照个人喜爱的方式进行学习。同时个性化学习系统还可以为有不同学习倾向的学习者提供不同的学习内容。

（3）个人学习能力的培养。个性化学习系统充分考虑学习者的学习风格和现有学习水平，根据学习者现状安排学习目的、学习内容、学习过程，从而发挥学习者的优势智能，促进弱势智能的发展，提高个人学习能力。

4.4.2 网络个性化学习环境设计策略

根据学习者的个性及学习倾向，通过网络对其提供相应的学习策略支持。在为各种学习者类型设计个性化的学习环境时，主要遵循以下几条规律。

（1）革新型学习者（transforming learners）。设计复杂的以发现为导向的环境，提供个别辅导式的环境。这样的学习者有充分的自信，能够不断挑战复杂的问题，能够进行自我管理学习和自我监督学习过程，因此可以为他们设定长期目标，使其达到更高标准。

（2）操作型学习者（performing learners）。设计以项目和任务为导向的环境，以及有活力的、充满竞争气氛的、交互性的（操作）环境，利用强化训练、实践和反馈鼓励学习者自我激发、整体思维、解决问题、自我监督学习过程和按次序完成任务。同时尽可能地减少对额外努力和复杂标准的需求。

（3）顺从型学习者（conforming learners）。设计简单的、支架式的、结构严密的、安全的环境。利用明显的、细心的指导，帮助顺从型学习者以简单、有明确步骤的方式学习，这种环境也能鼓励学习者获得自信、接受挑战，从而使学习者更独立地、自我激发地学习[9]。

4.5 合作学习模式

合作学习是指学习者对一些特定问题进行协同工作与研究，以此来提高学习效果的一种活动过程。合作学习是以任务和问题为导向的，它要求学习者组成小组，在合作过程之中完成问题的研究与探索。

计算机支持合作学习（computer supported collaborative learning，CSCL）是计算机技术运用于合作学习领域，它结合了通信和计算机网络技术来支持小组的合作学习。

4.5.1 合作学习模式的教学特征与优势

合作学习是一种历史比较悠久的学习方式，小组合作过程中，在成员的相互帮助下，除取得合作性集体成果外，个人还能取得各自的成果。合作学习除获得学业本身的成果以外，还能潜移默化地提升人际交往技能，以及自我评价、认识自我的能力，并且能培养团队合作精神、集体主义感，提升情商素养等[10]。

合作学习的主要特征是开展学习者之间的相互合作。它具有以下几点优势：①扩大学习者的知识面，加深对所学内容的理解；②激发学习动机和学习热情，积极主动；③扩展有效的学习方法，加深对知识规律本身的认识；④增强成功的自信心，活化思维，激发创新潜能。

4.5.2 网络合作学习模式的教学设计

在传统教学中，师生同时在一个教室中参与教学活动，彼此之间可以很容易地进行面对面交流,可以自然而然地形成一定的学习共同体,如一个学习小组、一个班级,乃至一所学校,都可能成为一个学习共同体。而在基于网络的学习环境中,学习共同体必须经过有意识的设计才能形成。网络环境下的学习共同体需要认真设计,否则会降低学习者对学习共同体的认同和投入程度。

1. 学习主题的确定与学习资源的准备

为促进学习者之间的协作、交流,教学设计者要选择开放的、具有一定复杂性的、真实性的任务,使学习者感受到问题的意义及挑战性,激发他们参与学习活动的兴趣。

同时,还需要设计、开发所确定的学习主题和任务学习资源,以超媒体的形式提供各种开放的相关教学资源,从而鼓励学习者对信息进行搜索、选择、评价和综合,鼓励沉浸式的合作交流。此外,还会将学习者合作学习的相关档案与数据等连接到网站上。

2. 合作学习小组成员的组织

网络使学生的学习超越了时空限制。只要对一个话题有共同的兴趣就可以组成一个学习小组,形成暂时性学习共同体。要增强学习者的"共同体意识",使他们意识到自己是在一个团体中进行学习,而且感受到团体对自己的价值和意义。鼓励学习者在学习过程中相互求助、相互提供帮助。选择一定的组织方式,每个小组安排一个组长,负责协调本小组的活动,报告小组的进展情况等。

3. 交互过程及其监控调节

首先,教师需要鼓励、激发学习者参与交互过程。在学习过程中,教师需要对整个学习过程进行监控调节,在与学习者的对话中提出问题和所要完成的作业,提供有关的个案研究及实例,从而激发他们进行信息搜索、分析和综合等高水平的思维活动。

其次,教师要设计具体的协作任务,引导学习者参与合作的问题解决活动,让学生了解其大致的活动过程,明白自己在各个环节上的主要任务。

最后,教师要评价学习者的成果。在此过程中,教师不断根据学习者的交流、提交的内容来评价各个学习小组的进展情况,评价每个小组成员的贡献,将过程性评价与最终的学业成绩联系起来。教师鼓励小组及个人不断进行自我评价和相互评价。

4. 交互工具的设计

为支持学习共同体持续的交流协作活动,需要提供有效的网络交互工具,包括通信工具（如电子邮件、BBS、聊天室、有声聊天工具、争论论坛、微博、意见投票等），协作工具（如角色扮演工具、虚拟白板、应用软件共享等），评价工具（如电子学档等），设计出适合不同年龄学习者的功能强大的交互工具。

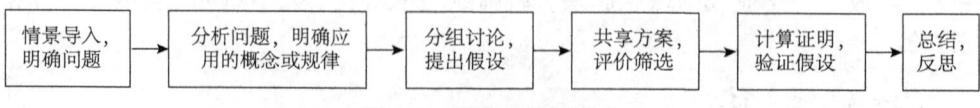

4.6 探究型学习模式

探究型学习（inquiry-based learning）模式是指学习者在教师指导下，充分发挥自主性精神，以类似科学研究的方式获取知识和应用知识，以培养学习者创新和实践能力为目的的一种学习活动。

探究型教学是一个提出和解决问题的学习活动过程。学习者提出问题，收集和组织与问题相关的资料，分析资料，设计或得出解决问题方案，通过方案实施来探究问题，根据收集的资料和数据进行推论，得出结论，达到解决问题的目的。

4.6.1 探究型学习模式的特点与优势

探究型学习的特点是在重视学习者获得科学知识的同时，又重视学习者能力的培养，以学为中心，在做中学习，形成学科的认知结构；过程印象深刻、不容易忘记；学习是主动的，含有很多亲身实践的训练；学生可以按照自己的步调学习；所学习的内容可以超越课本的限制；通过一段时间探索数个相关专题，最终形成个人的学科知识结构；说明、解释、探究和发现的过程具有挑战性；教师提供指导，在科学调查中同等重视知识技能、过程技能和探究活动。

探究型学习模式的优势是：学习者通过探究活动生成知识；通过亲身活动发现答案和得到结论；鼓励发散性和创造性思维；鼓励高阶思维技巧，如分析、综合和评价；学习者运用多种多样的方式如图形、图表等组织和分析获得的数据，使研究技能与知识掌握统合起来；学习者不仅能获得更多的科学知识，而且还能亲身发展科学知识，同时能更好地理解科学的本质[11]。

4.6.2 探究型学习活动步骤

探究型学习模式的目标是使学生通过探究过程加深对概念和规律的理解，培养数理方法的应用能力和实际问题的解决能力，包括以下六个阶段（图4-5）。

情景导入，明确问题 → 分析问题，明确应用的概念或规律 → 分组讨论，提出假设 → 共享方案，评价筛选 → 计算证明，验证假设 → 总结，反思

图4-5 探究型学习模式

（1）情景导入，明确问题。利用多媒体计算机创设现实问题情境，激发学生解决问题的兴趣，明确要解决的问题。

（2）分析问题，明确应用的概念或规律。让学生思考分析问题，提取问题中的已知条件、未知条件和要求的结果，引导学生讨论解决该问题需要用到的概念和规律，确定要解决的问题和概念规律。

（3）分组讨论，提出假设。将学生分成若干小组，以小组为单位猜想、讨论解决问题的可能方案。这个阶段要鼓励学生多思考、多猜想，而不要求严密论证，但是要给学生一定的时间限制，时间的长短要根据问题的难易程度而定。

（4）共享方案，评价筛选。当学生已提出足够多的方案时，让小组成员汇报小组提出的方案。教师收集、汇总学生的方案，并把全部方案展示给全体学生，选出其中不同的方案后，让学生用逻辑推理的方法淘汰不可能的方案，进一步筛选出可能的方案。

（5）计算证明，验证假设。让学生对剩下来的可能方案用实验或严密的计算、论证的方法验证其有效性。如果学生的信息能力较强，也可以要求学生用信息技术表征最后的方案。

（6）总结，反思。学生汇报验证的结果，总结问题的解决方案。如果方案比较复杂，教师可以用多媒体计算机演示该方案解决问题的过程。最后要求学生反思解决问题的过程，讨论问题解决的过程中所用的数学思维方法等[12]。

探究型学习模式中信息技术的作用以及教师与学生的活动见表4-2。

表4-2 探究型学习模式中信息技术的作用和师生活动

模式程序	信息技术的作用	教师活动	学生活动
情景导入，明确问题	情境创设，问题呈现工具	创设情境	建立心理倾向，明确问题
分析问题，明确应用的概念或规律	交流讨论工具	引导，总结	讨论，分析，确定应用的概念或规律
分组讨论，提出假设	交流讨论，表征假设工具	分组，设定讨论时间，鼓励学生，关注小组内所有学生发言的情况	讨论，提出假设
共享方案，评价筛选	展示方案，交流讨论工具	收集、呈现方案，参与学生讨论	汇报，讨论评价
计算证明，验证假设	计算工具，实验环境，交流讨论工具	提供工具，工具使用方法指导，提供帮助	计算，证明，交流讨论
总结，反思	表征方案，交流讨论工具	评价，总结，引发反思	汇报，讨论总结，反思

4.7 基于资源的学习模式

基于资源的学习（resource-based learning）模式是指学习者围绕一定的核心问题，利用各种技术查阅、搜寻相关信息，从而解决问题的学习模式。这也是一种以学习者为中心的学习模式。要求学习者通过做中学达到个体的意义建构，通过问题解决来建构知识体系。

学习者运用定向教育资源学习相关主题的内容，同时试图解释和理解与问题相关的知识。当学习者能够确定对主题内容范围的界定，如何查询、记录、评价信息，评价他们的成绩时，学习者的自主探究和相关能力便得到了提高。

4.7.1 基于资源的学习模式的特征和优势

优势：灵活性、自主性。

（1）灵活性。适用于不同的学习风格和学科领域。不仅是同一问题学习，学习者可以根据自己的学习风格、兴趣爱好、能力水平进行灵活的调节，选择自己认为有价值的材料，选择自己喜欢的研究方式和步骤来研究解决问题。

（2）自主性。学习者可按照自己的实际水平和能力主动控制学习过程，控制学习步调。通过对学习资源中相关信息和材料的查找、使用，培养学习者的信息文化技能素养，即识别、搜集、加工、处理、利用、评价信息的能力。

特征：学习者积极主动地参与学习；学习计划建立在教学目标的基础上；根据相关的、有意义的学习单元情境，确定和执行相应的学习策略和技能；利用大量丰富多样的信息资源；教师利用多种不同的教学方法或教学技术；教师不断地引导、帮促、监督和评价学习者的学习进展；教师之间可以相互合作，开展跨年级、跨学科领域的基于资源的综合性学习。

4.7.2 基于资源的学习模式的过程

基于资源的学习模式的主要过程是教师提出一个问题或疑难情境进行分析，然后由学习者根据问题和情境的要求收集信息、解决问题、形成答案，由以下七个主要步骤组成。

（1）选择和确定主题（select）。教师帮助学习者选择确定一个恰当的、具有挑战性的问题、事件或情境，以激发学习者的求知欲望和探索需求，同时把问题与学习者已有的知识经验联系起来，让学习者根据已有的知识基础和能力，应用获得的资源解决问题。

（2）发现潜在的学习资源，学会如何得到它们（uncover）。确定信息搜寻的具体目标，让学习者明确学习结束后应达到怎样的目标，要接受怎样的评价。明确搜寻信息所应经过的过程及所需时间。

（3）收集、检查和选择合适的学习资源（collect）。实施搜寻信息资源策略，若是网络资源，教师应帮助和引导学习者确定正确的网络站点（website），以减少学习者搜寻网络信息的盲目性，节省学习时间。必要时可给学习者提供导航策略、导航软件支持，以免迷航。

（4）信息整理与汇编（compile）。教师为学习者解释应遵循的搜寻原则，以使学习者明确怎样搜寻、记录和保存相关的原始信息，逐渐形成一个可能的答案或有意义的解释信息群，从中找出相关信息并加以整理。搜寻活动可以按全班、小组或个人的形式进行。

（5）对信息进行评价、解释、分析和综合（evaluate）。学习者应整理所收集的与主题相关的信息，删除不恰当的信息，再对所有的信息进行评估，对有用信息按一定的逻辑方法或结构形式加以组织。

（6）信息呈现（establish）。学习者对所搜寻和整理的信息进行分析、概括、总结，最终形成一个完整的答案，并能合理地解释，对研究的问题作出清楚、圆满的论证。

（7）确定过程的效果（determine）。师生一起讨论、交流、反思整个学习过程，分析在学习过程中运用和发展了哪些能力。对学习者的学习过程和结果作出恰当的评价，使学习者增强自信心，明确进一步努力的方向和应注意的问题。

4.7.3　基于资源的学习效果评价

基于资源的学习效果评价可从研究问题的内容与范围、支持性的信息资源、信息收集方法三个方面所达到的不同层次进行量规，给予效果评价。

（1）研究问题的内容与范围。能提出与核心问题相关的问题；讨论了可能有助于建构意义或解决问题的信息来源（如统计数据、政府档案、学术性期刊文章、书籍、报告、评论、报纸等）。

（2）支持性的信息资源。资源引用恰当准确，且能为所研究的问题提供确切的论据；参考了多种资源（如统计数据、研究报告、学术文章、档案等）。

（3）信息收集方法。讨论了如何不断改善搜寻策略，以逐渐逼近或产生相关结果的过程；简要说明了在某一特定数据库内有效搜寻所需资源的规则；确定资源，特别是网站资源可靠性的评价标准；能反思本研究的信息收集过程[13]。

4.8　基于案例的学习模式

基于案例的学习（case-based learning）模式是指学习者在一个对现实部分模拟的真实情景案例中，通过搜集信息、应用所掌握的知识原理和技术，进行特定的分析或决策的学习模式。

案例是对现实的部分模拟，是在一个可控制的环境中呈现真实的世界或真实的情景。案例学习方法最早应用于法律、医学等学科的教学，后来发展到用于商业管理课程的教学，以及学校教育的学科教学中。近期对案例学习的研究指出：对于特殊领域的学科知识和超出经验之外的专门技术，都可以通过案例学习来达到学习目标，学习取得成功标志着学习者对经验建立有效的索引，便于今后在相关案例或情景中重新使用。

教育者通常先为学习者提供一个案例，学习者对案例进行分析、推论，从而获得启示；通过思考和提出创新性见解，提高对事物的看法和理解，从而获得能力的提升。这也是一种以学习者为中心的教学模式，其主要特征为：注重学习者能力的培养；教学案例是真实的问题；强调全员参与；案例答案是多元的；案例的陈述须客观。

基于案例学习的优势在于克服偏重概念抽象性的局限，加强理性与感性认识的有机联系，激发学习者的内在认知动机；提供思考实践的空间；提高问题解决的技能和批判性思维的能力；提高学习者的分析能力和判断能力，促进意义的生成；帮助学习者建立理论与实践间的联系；让学习者多角度和深层次地观察和分析事物；在学习者之间、学习者与教师之间建立合作关系；帮助学习者学会独立思考，主动学习[14]。

4.8.1 基于案例学习的过程

基于案例的学习由以下六个步骤构成。

（1）选择确定真实的案例。提供、显示与生活密切相关的案例，激发学习者的兴趣和积极性，让学习者有机会身临其境地将自己置于决策者或解决问题者的地位，认真对待案例中的人和事，认真分析各种数据和错综复杂的案情，找出解决问题的方法。

（2）理解情景的发展变化。在对真实情景的描述上，应当客观，不带主观色彩。不需要任何的解释和判断，不掺有个人倾向性的意见或观念，应让学习者发挥自己的才能，获得对案例的理解和解决。

（3）界定呈现的问题，确定需解决的问题。根据教师提供的案例，学习者相互之间进行讨论研究，总结出需要解决的问题，并把它们列举出来，教师要清楚学生界定的这些问题。

（4）生成可行的行动方案，制订和评估多种可行的解决方案。在开放的学习环境中，学习者依据教师提供的真实问题，利用所学的知识进行分析和诊断，做出决策，从而获得解决问题的方法。学习者一起合作，提出多种可供选择的解决方案。在学习者寻找解决方案的过程中，增强他们理解和运用知识与经验的能力。

（5）评价行动方案每一步的优、缺点。分析提出的多种解决方案，并在此基础上提出详细的行动方案，学习者相互讨论每一步的优缺点，从而确定最佳的行动方案。

（6）制订完善的解决方案/可实施的行动方案。制订相关的评价量规，评价解决方案或行动方案是否可行。经过不断评价修订后，让学习者总结归纳，形成完善的解决方案，或者可实施的行动方案[15]。

4.8.2 实施案例学习要注意的问题

在课堂中应用基于案例学习，需要把握好 4 个环节：阅读案例，个人分析；小组讨论，达成共识；课堂发言，全班交流；总结归纳，消化提升。同时，在实施案例教学的过程中要注意以下几个方面的问题：①教师必须给学习者提供必要的引导，让他们更好地理解案例；②在提供案例时就要给出关键性的事实，而不要在讨论过程中添加；③提供的案例内容必须完整，以便确定问题；④将全体学习者分成小组，这些小组大小可以任意调整，小组一般不超过 12 人；⑤帮助各个讨论小组的成员进行分工合作；⑥教师在教学过程中必须保持客观的态度，不要在案例中添加任何感情因素；⑦确保讨论的焦点是围绕解决问题而展开的；⑧激发学习者思考，鼓励他们从不同的角度来看问题，阐明观点。

4.8.3 优秀案例的标准

在案例教学的评价中，优秀案例的标准是：案例富有情感因素；事件具有一定的复杂性；案例必须是开放式的，有多种理解方式与解决方法；详细说明了基本的价值分歧；能说明教学目标的重点；能引发学习者展开讨论，使学习者能从中受益；与重要课程或教学目标相关；有情景介绍[16]。

4.9 "概念的归纳—获得"教学模式

"概念的归纳—获得"教学模式是在乔伊斯（Joyce）和韦尔（Well）的"概念获得模式"和塔巴（Taba）"概念发展教学模式"的基础上提出的，其目标是让学生形成正确的科学概念、了解科学概念的含义以及通过参与和反思概念化的过程，提高分析和概括的思维能力，广泛地应用在信息技术与理科课程整合的科学概念教学之中。

4.9.1 "概念的归纳—获得"教学模式的教学步骤

"概念的归纳—获得"教学模式包含七个教学步骤（图 4-6）。

情景导入，明确教学目的 → 呈现例子，分类归纳 → 提出概念假设 → 呈现例子，检验假设 → 综合分析，形成概念 → 应用概念，巩固理解 → 反思概念化过程

图 4-6　"概念的归纳—获得"教学模式

（1）情景导入，明确教学目的。目的是激发学生的兴趣、建立学习的心理倾向。所创设的情景是与科学概念相关的生活实例、资料等范例，也可以是科学概念与其他概念联系（如上位、下位、并列组合）的先行组织者内容等。在科学概念学习之前，教师要向学生阐明课程的目的是寻找其本质属性来界定某一事物或现象概念的范畴。

（2）呈现例子，分类归纳。教师提供具备概念所有属性的肯定性事例和不具备或不完全具备概念所有属性的否定性例子，让学生归类，并找出其共同属性，剔出非本质属性，引起学生对本质属性的集中注意，形成对本质属性的认识。

（3）提出概念假设。在本质属性都罗列出来以后，要求学生对这些范例进行描述，思考如何用概念名称来表征这些属性。教师鼓励学生多思考、表达和讨论，对学生的观点尽量少评价。

（4）呈现例子，检验假设。同样呈现一些肯定性和否定性的例子，让学生用自己提出的假设判断是否所有的肯定性例子都能归纳到概念，概念是否已包含了所有的本质属性，必要时可以将一些属性添加到概念中。

（5）综合分析，形成概念。教师汇总和展示全体学生提出的概念属性和概念假设，要求学生共同提取该概念所包含的所有的本质属性，用简练的学科用语描述概念，然后对概念进行规范表述。

（6）应用概念，巩固理解。可以呈现一些比较复杂的例子，让学生应用概念进行分类，也可以让学生举出一些符合该概念的例子，加深他们对概念的理解。

（7）反思概念化过程。教师可以用问题来激励学生回忆、反思、讨论自己概念化的过程，如"请回忆一下你们得出这一概念的过程，你们是怎么确定其主要特征的"，从而提高其思维能力[17]。

4.9.2　"概念的归纳—获得"教学模式教学过程的分析

"概念的归纳—获得"教学模式中信息技术的作用、教师和学生的活动可用表4-3 来概括。

表 4-3　"概念的归纳—获得"教学模式中信息技术的作用和师生的活动

模式程序	信息技术整合的作用	教师活动	学生活动
情景导入，明确教学目的	情景创设工具	创设情境，说明教学目的	明确目的，建立心理倾向

续表

模式程序	信息技术整合的作用	教师活动	学生活动
呈现例子，分类归纳	展示例子，操练，表征观点（提取的概念属性）工具	选择例子，确定呈现方式，收集概念属性	例子分类，归纳概念属性
提出概念假设	表征观点，交流讨论工具	鼓励学生思考、发言，收集学生提出的假设	提出属性和名称，讨论
呈现例子，检验假设	展示例子，操练，表征观点，交流讨论工具	选择例子，阐明阶段目的，参与讨论，收集概念属性假设	例子判断，归纳属性，讨论
综合分析，形成概念	呈现假设，表征观点，交流讨论工具	展示概念属性和假设，参与讨论，评价学生概括的概念	概括概念，讨论互评
应用概念，巩固理解	呈现例子，操练工具	选择例子，评价效果	判断，举例
反思概念化过程	交流讨论工具	提出、引发讨论	反思，讨论

参 考 文 献

[1] 高文. 现代教学的模式化研究. 济南：山东教育出版社, 2000: 424-425.
[2] Joyce B, Weil M, Calhoun E. Model of Teaching(影印版). 北京：中国轻工业出版社, 2004: 39-41.
[3] 黄甫全, 王本陆. 现代教学论学程. 北京：教育科学出版社, 1998: 331-333.
[4] 陆真, 杨静. 教学模式理论及其在化学教学中的体现. 创新教育在课堂. 南京：南京师范大学出版社, 2002: 156-161.
[5] 祝智庭, 钟志贤. 现代教育技术：促进多元智能发展. 上海：华东师范大学出版社, 2004: 162-164.
[6] 李广洲, 任红艳. 化学问题解决研究. 济南：山东教育出版社, 2004: 54-58.
[7] 祝智庭, 钟志贤. 现代教育技术：促进多元智能发展. 上海：华东师范大学出版社, 2004: 165.
[8] 蒋家傅. 论情境学习活动的设计. 电化教育研究, 2005, 5: 18-21.
[9] 胡俊. 网络环境下学生自主探究学习及其教学模式研究. 电化教育研究, 2005: 1: 76-80.
[10] Lajoie S P, Derry S J. Computer as Cognitive Tools. New Jersey: Lawrence Erlbaum Associates, Ine, Publishes, 1996: 261-270.
[11] 杨启亮. 困惑与抉择：20世纪的新教学论. 济南：山东教育出版社, 1996: 224-229.
[12] Their H D, Daviss B. Developing Inquiry——Based Science Materials A Guide for Educators. New York: Teachers College Press, Columbia University, 2001: 132-136.
[13] Poole B J. Education for An Information Age——Teaching in the Computerized Classsroom. New York: McGraw-Hill Companies, Inc., 1997: 201-208.
[14] Boeraema D. The Use of Real and Imaginary Cases in Communicating the Nature of Science: A Course Outline. In: The Nature of Science in Science Education. Netherlands: Kluwer Academic Pubulishers, 1998: 255-261.

[15] Shulman J H. Case Methods in Teacher Education. New York: Teachers College Press, Columbia University 1994: 128-134.
[16] 陆真. 新课程改革背景下化学教学论课程的应变与对策——关于案例教学的思考与实践. 化学教育, 2004, (8): 26-29.
[17] 李晓文, 王莹. 教学策略. 北京: 高等教育出版社, 2004: 110-112.

第 5 章　化学教师信息技术素养的构成和培养方案

　　发达国家教育现代化改革的经历表明，教师往往成为新教育理论和技术的应用、推广的主要障碍，在发展初期具备优良的硬件设备和丰富的媒体资料的学校，却在相当长的时间内利用率和效能并不太高。关键是教师缺乏对教育和教育心理学理论、技术应用的前期准备。在化学学科教学中，教师对多媒体系统和网络计算机教育应用的理论知识、工具平台知识和专业工具使用知识的薄弱，与学校和教学环境的现代化和硬件条件日新月异的发展已成为突出的矛盾现象[1]。

　　巴纳德（Barnard）在 1997 年就指出，世界电子通信基础设施建设的飞速发展已经将强大的工具交到了教育工作者手里。但是，只有当他们知道如何应用网络及如何发挥它在教育中的全部广阔的潜在优势，才可能变为现实。并且建议：为了教师能获得未来教育中应用的坚实基础，教师必须做好准备，接受充分的培训。教师教育计划中必须包含教学中有效地应用互联网这一历史任务。否则，强有力的互联网依旧只是一种技术[2]。

　　国际教育技术协会（International Society for Technology in Education，ISTE）制定了教师技术基础标准（Foundation in Technology for All Teachers：Foundation Standards）来提升教师的专业工作和个人生活能力，使技术有效地整合到他们各自的学科课程教学中。

　　（1）计算机技术的基本操作和概念。教师要能使用计算机系统运行软件，能获取、开发和显示数据、并发布成果。他们还能对计算机系统的硬件和软件的运行质量进行评价并在必要时掌握基础的故障发现和处理方法。

　　（2）将技术应用于个人生活和专业工作。教师要能应用相关工具提升自身的专业水平和工作效率。他们将应用技术于交流、合作、进行研究和解决问题。此外，他们将规划并参与鼓励终身学习的活动，并且促进平等、道德和合法地应用计算机和技术资源。

　　（3）技术在教学中的应用。教师要能应用计算机和相关技术支持他们在相应年级和学科领域的教学。他们应能规划将多种软件、应用和学习工具整合在一起的课程教学单元。开发的课程应能适应各类学生对象、实现有效的分组和评价策略[3]。

　　教师应达到一个较高技术应用能力层次，以便充分理解并有能力、有效、合理地将网络整合到教学实践中,能够形成一种促进学生成长的网络教育学习环境[4]。

为此,信息技术与化学课程整合的首要问题是开展对化学教师职前和职后的信息素养培养的研究。通过调查江苏省中学的信息技术与课程整合情况,了解学科整合的现状、存在的问题与需求等实际情况。在此基础上得到化学教师信息素养的构成、具体需求和内容组成、培养目标设计和培训计划等实施性方案。

5.1 信息技术与化学课程整合教学现状的调查、分析与思考

为了获得来自教学第一线的实际情况,我们从 2004 年起到 2010 年,在省级中学化学骨干教师培训中,多次对中学化学骨干教师进行了问卷调查与访谈,从各个方面了解、分析、思考信息技术与化学课程整合的现实状况,得到化学教师信息素养的构成,制订出信息素养培养方案。

5.1.1 对中学信息技术与化学课程整合的现状的了解

1. 化学教师的基本情况

调查数据表明,培训教师多来自江苏省各级重点中学,学历基本达标,职称结构合理。其中高级、一级教师为 89.2%,十年教龄以上为 74.4%,他们都有丰富的教学实践经验。

年龄集中在 35~45 岁(60.9%)(也是 Huberman 提出的教师发展阶段论中的"实验与重估期"),是目前中学化学课程教学改革的骨干力量。这些教师又处于专业发展的高原平台期[5],需要进行科学有效的培训,突破其高原期中"不成长期"的障碍,实现骨干教师的可持续发展和创新性发展[6]。

2. 学校的硬件设施使用及网络教学实际情况

有 78.7%的学校在设施上已经达到了进行信息技术与课程整合的条件;有 55.6%的学校经常使用这些设备;但只有 37.5%的学校能够开展网络教学;学校领导对整合重视支持达到 78.8%。表明大部分中学已具有现代化信息系统的硬件环境,当前信息技术主要以多媒体教学形式在应用,而开展网络教学程度还较低。

3. 教师对信息技术与学科整合、网络与多媒体学习的态度和认识

教师对信息技术在教学中应用的重视态度达到 80.9%;对引入信息技术对教学产生影响持肯定态度达到 91.2%;教学中体会到学生对信息技术应用欢迎程度

达到 91.2%；认为从服务于学科教学过程而引入信息技术为 95.6%；对开展教学与网络课程的效果认为有效达 94.1%；认为整合提高了学生的科学素养达 45.6%；提高了化学能力达 19.1%；提高了思维能力达 29.4%。

表明化学教师对信息技术引入作用、效果和变化持肯定态度；主要关注从学科教学的角度提高教学效率和培养学生的能力与素养。

4. 中学生对信息技术与学科整合及学习的态度

从学生角度来看，67.8%的人认为信息技术对学习化学有着较好的促进作用；52.9%的学生非常喜欢信息技术的应用，55.9%的学生喜欢网络学习这一新的学习方式。

5. 教师应用信息技术状态

调查表中的第 8、14、28、29 题分别调查了教师应用信息技术的状态情况：

题号	A	B	C	D	E
8.引入信息技术的形式	课堂 5.9	多媒体 70.5	课余网络 1.5	基本没有 20.6	未答 1.5
14.对信息技术掌握程度	很熟练 4.4	比较熟练 45.6	不太熟练 39.7	不会 5.9	其他 4.4
28.对网络资源的应用（多选）	教学设计 47.1	课件 79.4	工具软件 44.1	其他 8.8	—
29.网络课件应用	经常 14.7	适量 45.6	偶尔 33.4	从不 7.3	—

在教学实际中，70.5%的教师在化学教学中应用信息技术形成主要的多媒体教学形式，约有 20.6%的教师基本不使用信息技术；仅有 50.0%的教师具有较熟练的信息技术技能，有 45.6%的教师未达到掌握的水平；网络资源的应用主要在教学设计（47.1%）和课件制作方面（79.4%），很少直接应用于学生的学习进程中。只有 14.7%的教师经常使用网络课件。表明信息技术与课程教学的整合已经深入进行，但还是起点层次，多数在辅助教学与应用的层面上，缺少向高层次发展的技术素养和理念。

5.1.2 骨干教师具备素养和培训需求中对信息技术提出的要求

1. 骨干教师认为当前有待提高的主要素养问题

多数骨干教师认为目前较欠缺、亟待提高的前 6 个主要素养见表 5-1。

表 5-1　骨干教师应该具备、亟待提高的主要素养（13 项）

亟待提高的主要素养	比例/%
针对性教育教学的能力	82.4
掌握科学的教育教学方法	85.2
对学生进行学法指导的能力	73.4
改进、设计实验的技能	69.1
信息和多媒体技术的应用能力	66.2
进行教育科研、撰写论文能力	63.2

66.2%的骨干教师认为"信息和多媒体技术的应用能力"是形成骨干教师的必备素养，表明教师已经认识到信息技术素养已成为化学教师的必备主要素养之一，十分重视，在教学理念上已经认同信息技术已成为教育系统的基本核心因素。

2. 教师在培训中急需提高的需求

教师在培训中急需提高的需求主要有以下 6 项（表 5-2）。

表 5-2　骨干教师教学进修培训需求（17 项）

培训中急需提高的需求	比例/%
研究选题和论文撰写的能力	51.5
化学科学前沿的了解	45.5
信息技术整合与多媒体应用的能力	41.2
对新课程标准和新化学教材的理解	41.2
综合学科知识的拓展	39.8
化学学科评价与测量	39.7

41.2%的教师选择"信息技术整合与多媒体应用的能力"为培训需求，达到第三位，表明教师迫切希望在省级培训中得到系统、有效的信息技术培训，提高整合能力与信息技术素养，为全面发展打下良好的基础。

5.1.3　骨干教师提出自身的知识结构的不足和培训需求

调查中骨干教师提出自身的知识结构的不足和培训需求见表 5-3。

表 5-3 教师知识结构和能力结构上的不足及对培训的需求

问题	选项	比例/%
1. 你认为自己目前比较欠缺的知识有哪些?	信息技术、多媒体与课程整合应用知识	49.7
	对课程改革、新课程标准、新化学教材的理解	48.6
	文学、艺术、音乐等方面的知识	39.9
	教育、管理学知识	23.7
2. 你在教学中亟待提高的能力是什么?	多媒体、信息网络的应用能力	44.5
	教育科研与论文写作能力	39.9
	科学的教育教学方法和创新教育能力	35.8
	分析、处理教学内容、整合课程教材能力	30.6
	设计教学模式、实施教学方案的能力	30.1
	综合理科和选修课、活动课的开设指导能力	28.3
3. 你参加培训的主要目的是什么?	学习新的教育理念,掌握新的教学理论和方法	97.7
	作为一种自我完善与发展的途径	59.0
	化学专业知识拓展、更新	38.7
4. 你在培训中,最希望提高的前四方面内容是什么?	教育理念	85.5
	教育教学科研	74.0
	先进的教育技术与课程整合应用	67.6
	实验设计与改进	56.6

课程改革对教师的知识和能力提出了更高的要求,不仅要更新教育理念,而且需要在教育内容、教学方式、学习方式、教育技术及教育管理方面全面创新。教师明显地感觉到了自身知识结构与能力结构上存在的不足和缺陷,认为目前比较欠缺的知识主要是信息技术、多媒体与课程整合应用知识(49.7%),对课程改革、新课程标准、新化学教材的理解(48.6%),教育、管理学知识(23.7%)等。

在教学中,教师急需提高多媒体、信息网络的应用能力(44.5%);教育科研与论文写作能力(39.9%);科学的教育教学方法和创新教育能力(35.8%);分析、处理教学内容、整合课程教材能力(30.6%);综合理科和选修课、活动课的开设指导能力(28.3%);并能够设计较优化的教学模式来实施教学方案[7]。

5.2 化学教师信息素养构成

根据中学化学骨干教师提出的在培训中提高信息技术素养、与课程整合应用能力的要求,化学教师的信息素养应当由四个部分组成。

1. 信息素养观念（信息Ⅰ）

Dole 于 1992 年将信息素养定义为：认识到信息的需要；认识到正确的、完整的信息是做出决策的根本；形成基于信息需求的问题；确定可能的信息资源；展开成功的检索策略；访问信息、包括基于计算机和其他技术的信息；评价信息；为实际应用组织信息；将新的信息综合到现有的知识体系中；利用信息进行批判性思维和问题解决[8]。信息素养方面具体内容包含：①能够有效地、高效地获取信息；②能够熟练地、批判地评价信息；③能够精确地、创造性地使用信息。

2. 信息道德素养（信息Ⅱ）

信息道德是在信息领域调整人们之间相互关系的行为规范和社会准则，把握个体信息素养的方向，指的是个体在获取、利用、加工和传播信息的过程中必须遵守一定的伦理规范，不得危害社会或侵犯他人的合法权益，它是信息化社会最基本的伦理道德之一。信息道德有以下几个层次的内容：①抵制诱惑（游戏等）；②健全人格（诚实守信、实事求是；尊重人、关心人；己所不欲，勿施于人）；③在信息传递、交流、开发利用等方面服务群众、奉献社会，同时实现自我。

3. 信息技术通晓（信息Ⅲ）

信息技术通晓要求人们能够广泛地理解信息技术，从而能够在工作和日常生活中富有成效地运用，并不断地调整自己适应信息技术的发展。信息技术通晓需要对信息技术处理信息、交流和解决问题有更深刻、更本质的掌握和理解。与信息素养相比，信息技术通常是更高层次，是运用、发展的层次要求。信息技术通晓包含三个层次的内容：①暂时性技能是指掌握和使用计算机设备的技能，顺利地获取和应用信息技术；②基础性概念是指用来支持计算机技术、网络和信息的概念和知识，是理解新信息技术信息发展的基础；③智力性能力是指在复杂和支撑性环境中应用信息技术处理问题，促进高级思维，并能够处理未预见到的问题，加强信息控制方面的抽象推演思维。

4. 信息技术能力（信息Ⅳ）

信息技术能力要求在信息Ⅰ、Ⅱ、Ⅲ的理解和应用基础上，能够有效地与学科教学整合，创造性地应用信息技术解决所面临的问题和制作相应的软件予以支持。信息技术能力主要包括以下五个层次的内容：①持续运用信息技术和推理能力；②设计解决问题方案（制作课件或资料系统）；③设计、实现信息结构系统，并评估其使用效果；④有效地与他人合作进行多媒体技术和学科知识整合的沟通；⑤抽象地思考和推演解决问题或制作软件信息技术。

信息Ⅰ、Ⅱ、Ⅲ是本科生与各级教师培训所应具备的基本素质，信息Ⅳ则是更高层次的创造应用，是本科生多媒体技术及应用特长培养和研究生层次师资培养的内容，可选择此方面的内容作为研究课题和提高相关素质。根据培养目标和层次来选择相应的信息技术素养内容的教学[9]。

5.3 化学教师信息素养培养方案的制订

在明确了信息素养的构成之后，根据需求转变成为培训的实际领域。应当在现代化学教育理论和教育心理学知识、计算机基本技能与技术、多媒体教学系统、多媒体化学课件制作技能、网络远程教育教学等方面实施培训和学习。具体内容和层次构成见表 5-4。

表 5-4 化学教师信息素养培养方案

序列	类别	多媒体网络技术培训内容	教学层次
1	基础知识	Windows 等操作系统 Office 中 Word、PowerPoint、Excel 编辑与在教学的应用	信息Ⅰ
2	多媒体教学系统	多媒体教学系统理解和使用 实物展台使用 各种视频、音频设备的使用 各种多媒体教学资料库的应用	信息Ⅰ
3	音视频采集与处理	声音录制与编辑 图形文件的采集（扫描仪、截图工具） 计算机外部设置使用	信息Ⅲ
4	多媒体素材制作	图形处理技术（如 ACDsee 中文版） 音频处理技术（如豪杰超级解霸） 视频处理技术（如 Adobe Premiere）	信息Ⅰ 信息Ⅰ 信息Ⅳ
5	网络技术应用	Internet 介绍和应用 互联网中化学信息资源的查找与应用 病毒和防火墙系统	信息Ⅰ、Ⅲ

续表

序列	类别	多媒体网络技术培训内容	教学层次
6	专业化学软件的应用	IsIsDraw 2.5 ChemSketch 化学教学文档制作软件 化学金排软件 仿真化学实验室	信息Ⅲ 信息Ⅲ 信息Ⅲ
7	多媒体工具与平台	网页制作（如 FrontPage） 图形处理（如 PhotoShop） 二维动画（如 Flash） 三维动画（如 3DMAX）	信息Ⅳ 信息Ⅳ 信息Ⅳ 信息Ⅳ
8	多媒体课件制作理论、观摩与实践	学科教学课件观摩与分析 课件制作理论、简易课件的制作 交互性课件制作 网络课件制作（如 FrontPage 等）	信息Ⅰ、Ⅱ 信息Ⅱ 信息Ⅳ 信息Ⅳ

5.4 化学教师信息素养与能力培养方案的实施

确定信息素养培养方案之后，我们在每一期中学化学骨干教师的培训中，进行了 36 学时信息技术素养与能力教学培训。通过演示讲解、实际操作、上机训练、汇报交流作品等教学环节，完成了相关模块理论的学习与课件制作（图 5-1 和图 5-2）。同时还邀请了计算机与教育网络平台专家，在整合中做出出色成绩的中学化学教师做专题报告与演示、指导。集中观摩网络课程，与南京师范大学附属中学、南京市第三中学的化学教师就网络课程和多媒体课件制作进行心得和经验交流（图 5-3 和图 5-4）。

图 5-1　骨干教师学习制作课件　　　　图 5-2　学习使用化学专业工具软件

第 5 章　化学教师信息技术素养的构成和培养方案　　·97·

图 5-3　观摩网络教学示范课　　　　　图 5-4　观摩科学探究示范课

在培训中，我们还制作和发放了"网络教学资源查询系统""多媒体教学资源库""常用工具软件集锦""优秀教学案例"等光盘，供教师返回学校在化学教学实践中使用（图 5-5）。

图 5-5　常用工具软件集锦

5.5 化学教师信息素养与能力培训成果的调查反馈

我们对接受过信息素养与能力培训的骨干教师进行了培训反馈和意见征求调查，内容包括所在学校整合环境的变化、个人信息素养变化情况、整合能力变化和网络与课件制作能力变化四个方面（表 5-5）。

表 5-5　骨干教师对信息素养培训的调查反馈意见

评价内容	很大变化	较大变化	没有变化	倒退
1. 一年多来所在学校信息多媒体教学设备建设情况	26.7	46.7	26.6	—
2. 一年多来所在学校校园网建设情况	30.0	33.3	36.7	—
3. 经过信息技术培训，对自己的信息素养状况的评价	20.0	73.3	6.7	—
4. 应用信息技术与教学进行整合的意识	40.0	53.3	6.7	—
5. 利用信息多媒体技术手段提高教学质量的应用结果	20.0	56.7	23.3	—
6. 对信息多媒体工具软件应用的水平	16.7	56.7	26.6	—
7. 对化学工具软件的应用水平	20.0	46.7	33.3	—
8. 应用 Internet 查阅文献、获取教学资源的能力	26.7	63.3	10.0	—
9. 教学中应用信息技术设计教学过程的能力	23.3	56.7	20.0	—
10. 与同事或计算机教师合作、制作相关课件的能力	23.3	53.3	20.0	3.4

（变化程度/%）

教师所在的学校有 73.4%在硬件条件上发生了较大变化；有 63.3%的学校有了完善的校园网。这些变化为信息技术与课程整合提供了环境保障，但仍有 26.6%的学校没有变化，滞后于发展的趋势。

经过信息素养的培训与应用实践，93.3%的化学教师认为他们的个人信息素养和应用信息技术与教学进行整合的能力发生了较大的变化；认为信息技术应用较大地提高了教学质量；教师认为自身的工具软件应用和专业软件应用水平有较大提高的为 73.4%和 66.7%。

90.0%的教师应用网络获取文献和资源能力有较大提高；80.0%的教师能够很好地将信息技术应用到教学设计过程中；76.6%的教师较好地开展了课件合作和制作（图 5-6 和图 5-7）。但仍有 26.6%和 33.3%的教师认为在信息技术工具软件和化学专业工具软件使用水平上没有变化，20.0%的教师认为在教学设计和合作、制作相关课件的能力还有待提高。

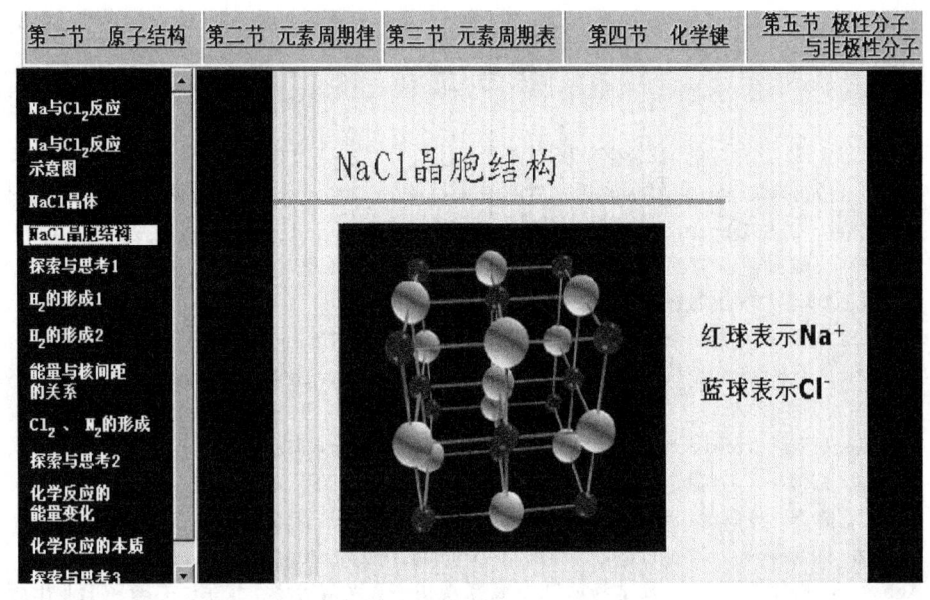

第 5 章　化学教师信息技术素养的构成和培养方案　　·99·

图 5-6　骨干教师制作的课件——晶体的物质结构

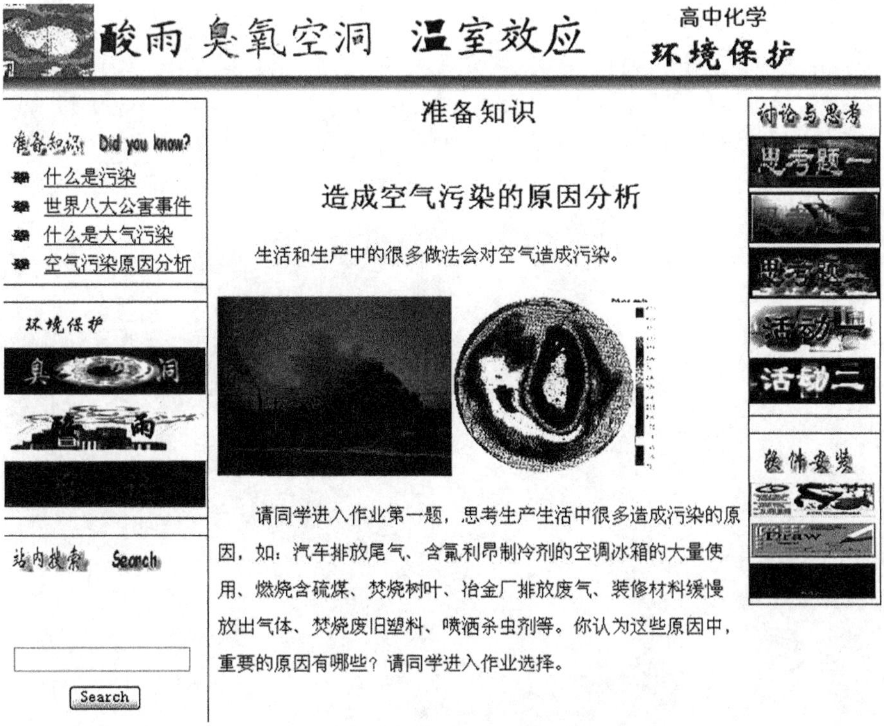

图 5-7　骨干教师制作的网络课件——环境保护

参 考 文 献

[1] 陆真, 周志华, 李广洲. 中学化学教师素质的研究与实践. 课程·教材·教法, 2002, 5: 57-63.
[2] The Secondary's Annual Report on Teacher Quality: Meeting the High Qualified Teachers Challenge. U. S. Department of Education Office of Postsecondary Education, 2002: 5-12.
[3] 乌美娜. 高等师范教育面向 21 世纪教学内容和课程体系改革成果丛书: 教育技术分卷. 北京: 北京师范大学出版社, 2002: 199-221.
[4] Long M, Olson J, Hansen H, et al. Changing Schools / Changing Practices: Perspectives on Education Reform and Teacher Professionalism. Germany: IPN and Garant Publishers, 1999: 121-130.
[5] Michael H. The Professional life cycle of teachers. Teachers college Record, 1998, 91, 1: 31-57.
[6] 王铁军, 方健华. 名师成功: 教师专业发展的多维解读. 课程·教材·教法, 2005, 12: 72-73.
[7] 陆真, 赵露露, 孙海蓉. 现状、需求、困惑与焦点. 化学教育, 2006, 9（27）: 39-41.
[8] 刘儒德. 信息技术与课程的整合. 北京: 人民教育出版社, 2004: 37-39.
[9] Abbey B. 网络教育——教学与认知发展新视角. 丁兴富等译. 北京: 中国轻工业出版社, 2002: 201-206.

第三篇

信息技术与化学课程整合的应用

第6章　自主-探究型学习网络课程设计、结构与制作

网络课程是建构在网络技术基础上，是网络技术与课程融合的一种新型课程形式。网络课程的出现导致了教育理念、教育模式、教学方法等的巨大改变；为人们提供了大量便捷的学习机会、丰富的教学环境和教学资源，使学习活动更加自主化、个性化，使教育的适应性大大加强；充分体现了网络的特点和教学资源的开放性，可以构建出多媒体化的接近真实生活的自主、协作学习情境。目前在教学中应用的主要形式是自主-探究型学习的网络课程。

6.1　网络课程的含义和分类

网络课程的含义是：通过网络表现的某门学科的教学内容及实施的教学活动的总和。课程是按一定的教学目标、教学策略组织起来的教学内容和网络教学支撑环境。其中网络教学支撑环境是指支持网络教学的软件工具、教学资源及在网络教学平台上实施的教学活动。网络课程顺应人们需要终身学习这一趋势，给人们随时获取知识提供了便利和强有力的支持。

从课程教学的角度，网络课程目前主要有课堂教学型和学生自主学习型两种类型。

（1）课堂教学型网络课程是通过网页浏览器播放教学内容，通常网页由教学目录和教学内容构成，包含了教师的讲课、录像、图像、表格等教学资源，适用于学生使用宽带网或在网络教室学习。

（2）自主学习型网络课程是以Web技术为基础，按照一定的教育技术规范编写的多媒体课件，包含充分的各种学习资源与练习、评价，其学习内容及形式都比较丰富灵活，适合于学生使用网页浏览器开展自主-探究性学习[1]。

6.2　网络课程的教学功能作用

网络课程这种新型课程运行方式被迅速地认可和接纳，凸显出独特的教学功能。
（1）帮助教师教学。用于向学生进行相关知识内容的演示和表达，帮助教师

进行知识的传授。主要的形式有：传统的视、音频课件，传授型和演示型的网络课件，基于视频流的录像课件，基于 HTML 技术网页的教学资源，基于 JavaScript 的演示型、互动型课件等。

（2）辅助学生学习。用于帮助学生巩固知识，引导学生积极思考，帮助学生发现和探索知识。教学过程的设计与实施都比较注重学生认知主体作用的发挥。

（3）提供参考资源。用于为教师提供备课及学生学习时的相关资料。具备大量的、丰富的学科素材，并提供准确、方便和快捷的检索机制。

（4）学生兴趣的扩展。用于帮助学生发展兴趣爱好、增长见识、形成个性等；具有设计精良、生动有趣、良好的吸引力等特征[2]。

6.3 网络课程教学设计原则和要求

（1）学习的个性化。学生是学习的主体，学习的过程是学生个体的主动探究、发现问题、意义建构的过程。

（2）学习内容的多媒体化。互联网的高速发展，使网络课程的多媒体媒介传输成为可能。为了提高学生的学习兴趣，应根据教学目标的需要提供图文声像并茂的教学内容。

（3）学习方式的交互性。主要体现为：学生与教师之间的交流、学生与学生之间的交流、学生与教学材料之间的交互、教师与教学材料之间的交互。针对不同类型的交互，采取不同的方式和方法，运用不同的交互手段和交互管理规则。

（4）学习系统的开放性。提高结构的开放性，提供相关的参考资料和相应的网址，对于同一知识内容，提供不同角度的解释和描述，让学生在不同看法中进行交叉思考，提高学生分析问题和解决问题的能力。

（5）重视反馈评价的设计。及时了解学生的学习情况，可根据教学内容和目标设计灵活多样的形成性练习，客观评价学生对课堂教学目标的掌握情况。

网络课程具体研发的基本要求有以下几点。

（1）网络课程建设要充分体现促进学生自主学习的主体性特点，能提高学习者的学习兴趣与自觉性。

（2）网络课程都必须满足在互联网上运行的基本条件，还应具备安全、稳定、可靠、下载快等特点。

（3）网络课程应有完整的文字与制作脚本（电子稿）。

（4）网络课程文字说明中的有关名词、概念、定理、定律和重要的知识点都要与相关的背景资料相链接，与所联系课程一致，保证其科学性、准确性、可靠性。

（5）对课程中的重要部分，可适当采用图片、配音、视频或动画来强化学习效果，但要避免过于单纯表现形式的图片、视频或动画来冲淡课程主题[3]。

6.4 自主-探究型网络学习课程的结构与设计

网络课程设计与制作是教师在网上教学前将课程内容编写成网页的形式，进行的一系列针对性的活动。在自主-探究型系列网络学习课程的结构与设计中，主要的教学活动都是以学生为中心来展开。特别强调在学习过程中发挥学生的主动性、积极性。因此，相应的网络课程教学设计主要围绕"教学内容""自主学习策略"和"学习环境"三个方面来进行：一是教学的前提与条件；二是整个教学设计的核心——通过各种学习策略激发学生去主动建构知识的意义（诱发学习的内因）；三是为学生主动建构创造必要的情境（提供学习的外因）。与传统课堂教学相比较，网络课程中教师的地位和作用发生了改变和转移，教师由原来的知识的传授者、讲解者转变成学生主动建构意义的帮助者、促进者，相应的课程教学设计、教学模式和教学原则也发生了较大的变化[4]。

6.4.1 自主-探究型网络课程设计的基本过程

教师在已经深入了解了教学对象的学习特点，而且已理解课程的教学大纲、课程标准或相应知识体系结构的基础上，网络课程开发的基本过程如图6-1所示。

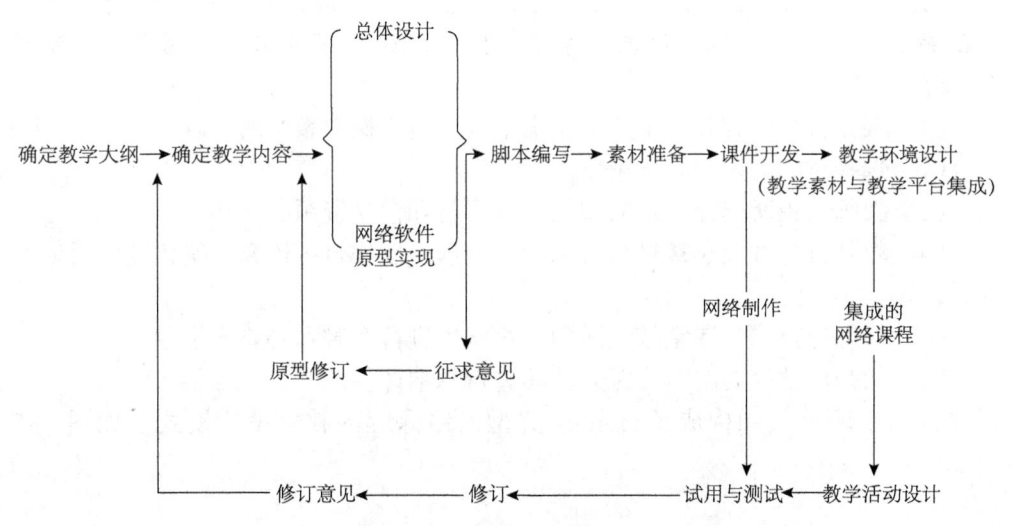

图 6-1 自主-探究型网络学习课程设计基本过程

6.4.2 自主-探究型网络学习课程的设计理念

这类网络课程的设计是以建构主义学习理论为指导，试图在设计上体现主导性教学策略：突破简单的演示型模式，体现知识的意义建构过程；重视问题与回答方式的设计，提高学生的主体参与度；通过超链接结构，启发学生的发散思维；提供丰富的多媒体资源，创设有意义的学习情境；加强对学生的引导和帮助，促进学生对知识的意义建构。具体表现在以下几个方面。

（1）注重教学目标及教学内容的分析。

（2）设计教学活动时注意情境创设，强调"情境"在学习中的重要作用，注意信息资源设计，强调利用各种信息资源来支持学生的"学"。

（3）强调以学生为中心、注重自主学习设计。

（4）强调"协作学习"，注重协作学习环境设计，注重网络教学策略设计[5]。

6.5 自主-探究型网络课程的设计构成

在明确了网络化探究教学的双主教学结构和各要素相互作用以后，自主-探究型网络课程的教学设计分为教和学两个部分。教的部分以教师为主体，学的部分则以学生为主体。两个部分相互紧密联系又相互作用，构成自主探究的互动教学过程。

6.5.1 教师主导过程的教学设计

教师主导过程的教学设计除遵循指导性的教学设计外，还要结合网络教学的特征、学生的认知心理发展水平、学生的信息素养水平等因素，主要环节如下所述。

（1）根据教材内容和学生的知识水平确定自主探究教学的课题。

（2）选择对应的课题教学策略。

（3）教师收集所选择专题的相关教学素材和信息资源。

（4）教师将各种教学素材与资源加工处理，制作自主探究网络化教学活动的课件。

（5）教师进行网络课堂教学活动，对学生进行及时和必要的指导。

（6）教师对学生的网络化探究活动进行总结评价。

这六个环节共同构成了自主-探究型网络课程的教学设计模式，如图 6-2 所示。

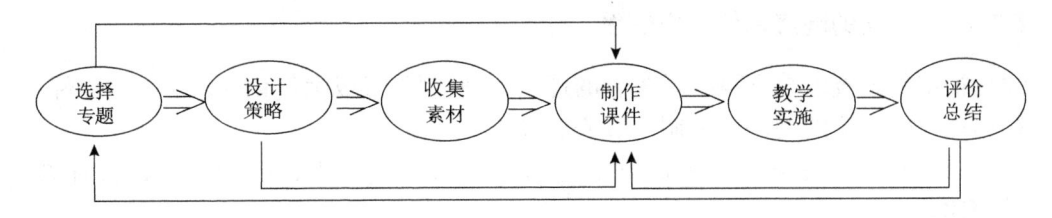

选择专题 → 设计策略 → 收集素材 → 制作课件 → 教学实施 → 评价总结

图 6-2 教师主导过程的教学设计主要环节

6.5.2 学生自主学习过程的教学设计

学生自主学习过程的教学设计主要环节如下所述。

（1）学生进行课前学案学习或指定网络预习。
（2）明确要学习的任务与达到目标。
（3）遵循任务和目标的要求应用网络课件进行自主探究学习，教师同时针对学生的疑问和困惑及时给予指导和帮助。
（4）相互讨论，完成探究活动，解答问题。
（5）课堂交流，总结得出结论，完成练习。
（6）应用网络进行复习、作业与提出疑问。

过程主要环节如图 6-3 所示。

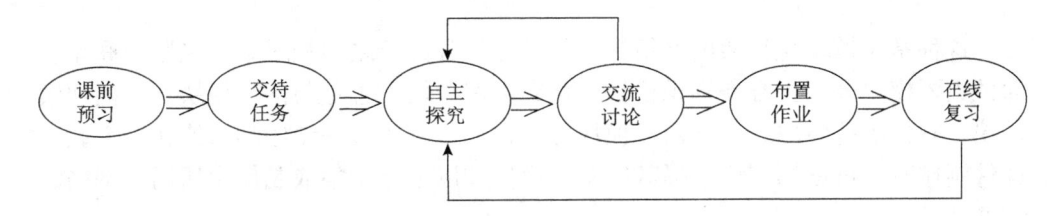

课前预习 → 交待任务 → 自主探究 → 交流讨论 → 布置作业 → 在线复习

图 6-3 学生自主学习过程的教学设计主要环节

6.5.3 自主-探究型网络课程教学软件的研制

在化学网络化探究教学中，自主-探究型网络教学课件贯穿了整个网络化探究教学的全程，起着核心作用，是进行网络化探究教学的基础，其制作质量对于整个的教学效果是决定性因素。

制作与运行平台： 网络化探究教学的运行平台是基于 Windows 操作系统、用微软公司的 FrontPage 和 Macromedia 公司的 Dreamweaver 软件制作网络课程；应用 Photoshop、Flashmax、Premiere 等软件来处理视频、音频与动画文件。这使网络课件的制作在技术难度方面下降，具有一定信息技术的学科专业教师均可以自行制作或修改课件[6]。

6.5.4 模块化的网络课件制作过程

根据信息技术与学科教学整合的理论,方便制作形成案例化的教学网络课件,提出如下模块化的网络课件制作过程的设想。

(1)对所探究学习的专题和学生水平做出综合分析,明确目标,设计教学策略。

(2)形成框架,收集资源,编写脚本。

(3)根据课件,处理各种资源和素材,初步制作形成课件。

(4)对课件进行初步调试和修改。

(5)课件上传至网络服务器,进行网络浏览。

(6)指导教学实践反馈,对课件作出评价和修改。

网络化探究教学课件开发模式如图6-4所示。

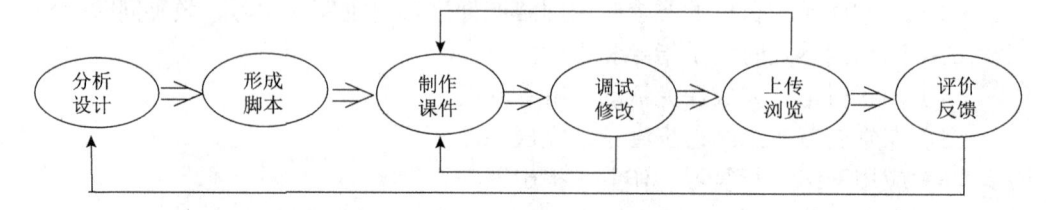

图 6-4 网络化探究教学课件开发模式

这种基于模块化构架的网络探究教学课件各部分之间相对独立又紧密联系。课件主要模块分为:准备知识模块、探究学习模块、思考与活动模块、站内搜索模块、软件支持模块、在线讨论模块等。在进行具体某一专题的网络化探究教学课件制作时,可根据需要选择其中某些模块加以整合,集成制作出所需的网络教学课件[7]。

6.6 自主-探究型网络课件的制作案例

在明确了自主-探究型网络课程的结构与设计原理、途径、模式和基本理论的基础上,进行了系列化自主-探究型网络学习课程的设计制作研究,探索理论和模式应用的途径。

选择人民教育出版社2003年版的高中化学教材《化学(第一册)》中的第三章"物质的量"作为网络化探究教学的实验课,并制作了相应的网络教学课件。整个课件设计与制作的过程分为如下几个环节:教材分析—教学目标制订—教学方案设计—课件脚本编写—课件制作、调试—模板构建。

6.6.1 课程教材分析

"物质的量"是一个新的国际单位概念,作为一种新的物理量,它把一定数目的原子、分子或离子等微观粒子与可称量的物质联系了起来。因此,它可说是连接宏观世界与微观世界的桥梁,物质的量在以后的化学学习中将被广泛应用,其不仅是一种知识的掌握,而且是学习化学所必须掌握的一种基本技能。

由于物质的量是一种计量微观粒子的物理量,因此是一个比较抽象的概念。物质的量是从英文"amount of substance"直译过来的,英文的字面意义可以是"物质的总数"或"物质的多少"。在传统的教学概念中,质量曾被定义为"物质的多少"或"物质的量",并且物质的量这一概念又源于"克分子",这"克分子"又是从质量角度来定义的,通常讲某物质有多少克分子时,实际上是讲有多少质量。而根据以往的教学经验看,学生在高中开始阶段对这一章的学习最为吃力,产生较大的分化,甚至产生畏难情绪。但是,"物质的量"这一知识点掌握的好坏,直接影响整个高中化学学习的优劣,毫不夸张地说,很好地建构"物质的量"这一知识点的概念体系和其迁移应用,将影响整个高中化学的学习。

为了更好地进行教学,我们选择了利用网络探究教学的优势对这一章进行教学。在进行教学设计和课件的设计制作时,要组织充分、翔实的素材来体现"物质的量"的地位、作用,推动学生主动地建构起宏观与微观之间的桥梁[8]。

6.6.2 课程教学目标

本章内容的教学目标拟订如下。

(1)了解掌握物质的量、物质的粒子数、物质的质量、摩尔质量之间的关系,了解提出"摩尔"这一概念的重要性和必要性,并能找出其在实际生活中的应用。

(2)正确理解和掌握气体摩尔体积的概念,学会有关气体摩尔体积的计算,培养学生分析、推理、归纳的能力,体会定量研究的方法对研究和学习化学的重要作用。

(3)理解阿伏伽德罗定律及其推论,懂得阿伏伽德罗常量的含义,并了解其在化工生产中的应用。

(4)掌握一定物质的量浓度溶液的配制步骤,所需仪器及进行误差分析,掌握物质的量浓度的含义及其相关计算,以及溶液中溶质微粒数目的计算,并能联系生活实际。

(5)具备能将所学知识联系实际生活生产的能力。

(6)了解宏观世界与微观世界的联系。

6.6.3 课程教学内容

根据教学目标，以教材和新的课程标准将课程的内容分为三个模块：准备知识、物质的量、思考与活动，作为网络课件的主体内容。

1）模块一：准备知识

这一模块将初中学过的相关化学基础知识重新整理，以知识点的形式呈现给学生，分为"物质和质量""分子和原子学说""阿伏伽德罗""国际单位制"四个知识板块。这些知识点既可以由教师提问，学生回答；也可以由学生利用网络课件浏览、复习。在网络课件中，对这几个化学的基本知识点以生动的文字、图文并茂的形式进行描述。

2）模块二：物质的量

这一模块以物质的量为主线表现所要学习的主要内容，分为物质的量、物质的量浓度、气体摩尔体积三个子模块。分别描述了物质的量的定义、应用背景、意义，以及关于物质的量的几点修改意见；物质的量浓度的定义、应用；气体摩尔体积的定义、应用等具体知识。在相应子模块中，整合了大量的多媒体素材以丰富学生对化学科学所取得的成就的认识和了解，并且在选取材料时，尽可能贴近学生的生活，以生动的形式呈现，引导学生积极乐观地学习。

3）模块三：思考与活动

我们设计了四道思考题和两个小活动供学生进行自主的探究活动，以巩固所学习的内容。这些探究课题既可以在课堂上当堂进行讨论和回答，也可以给学生作为课后作业进行解答，而且没有给出绝对的标准答案，目的就是使学生延续讨论和探究的兴趣，通过学习后，对化学学科的性质和学习化学的重要性有比较清晰的了解，从而达到培养其科学素养的目标[9]。

在进行探究性学习活动时，准备知识模块起过渡作用；思考与活动模块的内容则作为探究性学习的任务或课题；物质的量模块就成为了探究学习的主要"活动区域"。探究活动就遵循图 6-5 所示的模式进行。

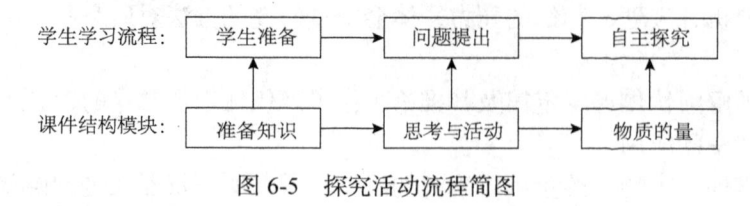

图 6-5 探究活动流程简图

6.6.4 自主-探究型网络课件结构

课件结构如图 6-6 所示。

第 6 章　自主-探究型学习网络课程设计、结构与制作

```
课件主页 ─┬─ 准备知识 ─── 物质的量
         ├─ 物质的量 ─┬─ 物质的量浓度
         │           └─ 气体摩尔体积
         ├─ 思考与活动
         └─ 站内搜索
```

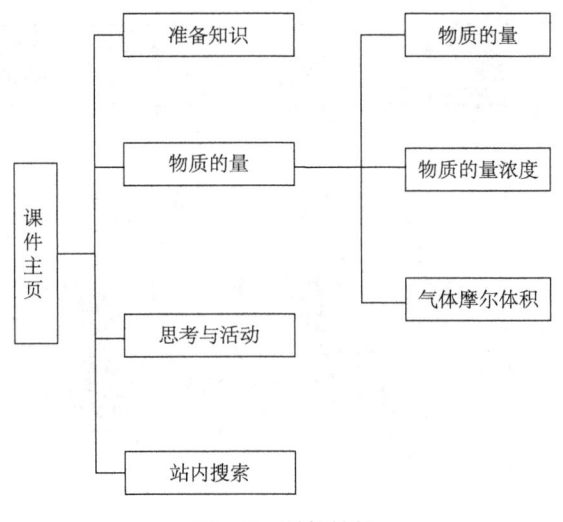

图 6-6　课件结构

整个课件除上述主要的三大模块外，还有一个"站内搜索"的功能板块。这个功能板块是为了配合学生的自主探究而特意设计的，学生可以根据个人的要求随时检索需要的资源，只要在相应的搜索框内输入需检索信息的字段，站内搜索引擎便会自动将站内所有含有该字段的页面列出，并有简单说明，学生点击后直接链接至相应页面[10]。

6.6.5　课件模板构建

模板结构如图 6-7 所示。

准备知识：这一栏中主要是可根据具体教学内容介绍相关和必备的知识，为学生学习具体教材内容打下扎实的基础以帮助学生更好地学习掌握好具体教材内容。

教材内容：这一栏为整个课件的中心区域，可根据具体教学内容，合理地设置和分布知识点。

思考与活动：充分发挥学生的主观能动性，实行教学互动，激发学生自我探索、求知的兴趣，最大限度地调动学生的积极性。

站内搜索：是为了配合学生的自主探究而特意设计的，学生可以根据个人的要求随时检索需要的资源，只要在相应的搜索框内输入需检索信息的字段，站内搜索引擎会自动将站内所有含有该字段的页面列出，并有简单说明，学生点击后直接链接至相应页面（图 6-8 和图 6-9）[11]。

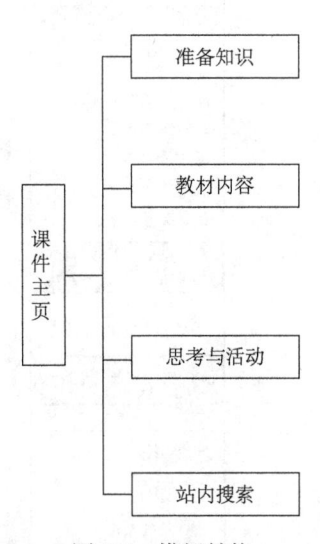

```
课件主页 ─┬─ 准备知识
         ├─ 教材内容
         ├─ 思考与活动
         └─ 站内搜索
```

图 6-7　模板结构

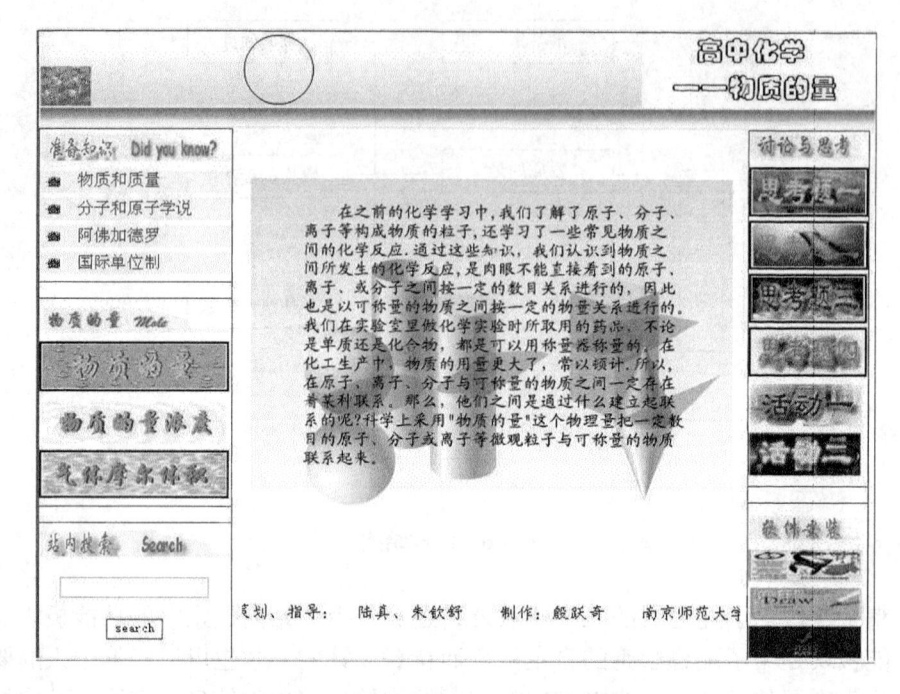

图 6-8　课件主页面

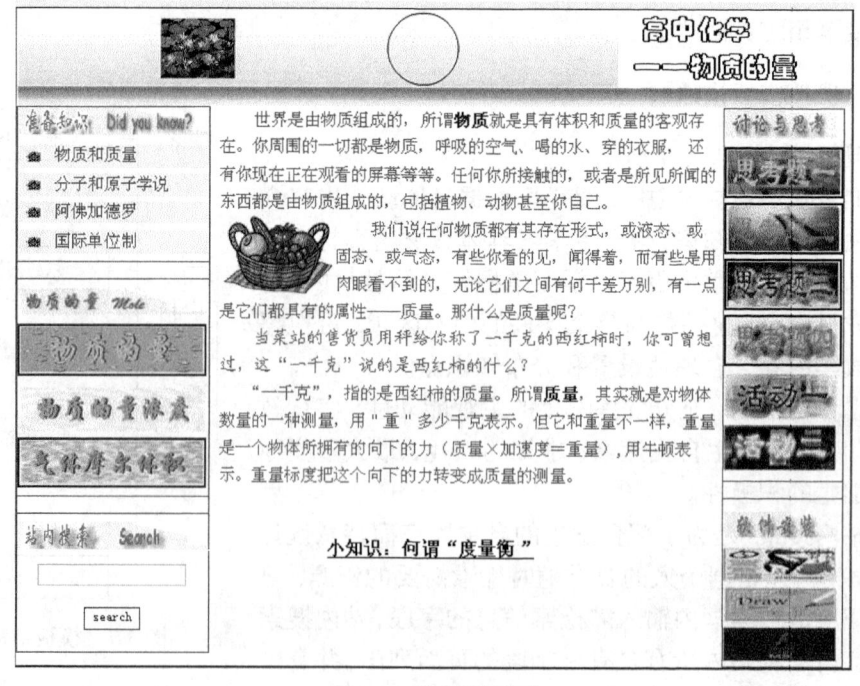

图 6-9　课件子页面

6.7 自主-探究型网络课程的制作和实施

自 2004 年起,开始以固定模块化的形式来制作网络课程。同时在南京市第三中学、南京田家炳高级中学进行试用和修改,探索自主-探究型网络课程在化学教学中的作用及对学生学习效果的影响。

6.7.1 自主-探究型网络课程的制作

以自主-探究型网络课程为主体,根据教材的不同类型的内容和学习方式,课题组制作了系列课件,并在相应学校高中一年级进行了使用(表 6-1,图 6-10～图 6-12)。

表 6-1 自主-探究型网络课程课件

课件名称	课程类型	教材章节	实施学校
化学——人类进步的关键	化学入门导读	高中化学第一册(必修)绪论 1～5 页	南京市第三中学、南京田家炳高级中学
侯氏制碱法	扩展性知识 爱国主义教育	高中化学第一册(必修)第二章第二节钠的化合物 33～34 页	南京市第三中学
物质的量	化学概念与技能	高中化学第一册(必修)第三章物质的量 43～63 页	南京市第三中学
环境保护	资源应用与价值观	高中化学第一册(必修)第六章第四节环境保护 134～137 页	南京市第三中学
金属的冶炼	元素化合物知识	高中化学第二册(必修、选修)	南京市第三中学
化学之门	化学入门导读	化学必修①引言	南京市第三中学 南京田家炳高级中学
物质的量单元复习	基本概念与技能	化学必修①第一章第二节化学计量在实验中应用 11～29 页	南京市第三中学
金属	元素化合物知识	化学必修①第三章第三节应用广泛的金属材料 64～66 页	南京市第三中学
原子结构、元素周期律、单元复习	基本理论	化学必修②第一章物质结构、元素周期律 2～25 页	南京市第三中学、南京田家炳高级中学

图 6-10　网络课程教学　　　　　　　　图 6-11　学生在网络课上自学

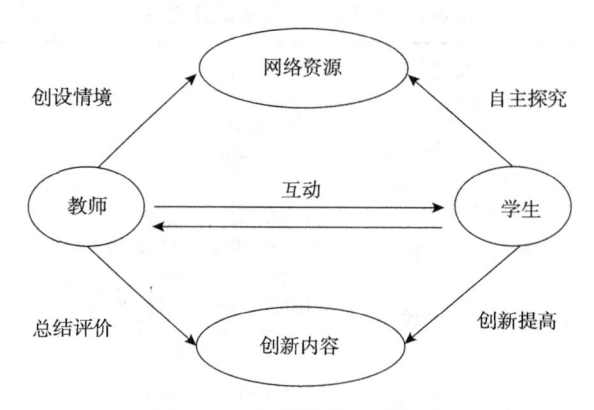

图 6-12　网络探究课程结构

6.7.2　自主-探究型网络课程的实践应用过程

自主-探究型网络课程的实践应用主要分成以下两个阶段。

（1）将普通高中教科书（必修+选修）化学第一、二册（人教版）部分章节内容，高中化学课程标准实验教科书（人教版）必修①②的部分章节内容的网络课件在南京市第三中学和南京田家炳高级中学的高一年级进行试用和初步评价。

（2）探索自主-探究型网络课程在化学教学中的作用及对学生学习方式产生的影响和学习效果。

网络环境下探究性课程的主要学习环节如下所述。

（1）教师发放预习材料或学案，布置学习任务和要求。

（2）网络课上学生浏览课件网页，进行相关的学习任务活动。

（3）学生在教师指导下解决问题和处理信息，进行小组交流和讨论。

（4）学生按照教师的要求，整理资料，形成作品和形成小组结论。

（5）学生或小组展示作品，谈个人心得，师生对此进行评价。

6.7.3 实证结果的初步评价与分析

为了了解网络化探究性学习对中学化学教学的影响程度，我们在南京市第三中学选择了较多使用网络教学和学习的高一（13）班作为实验班[①]，选择使用常规教学的高一（10）班为对照班进行比较研究。

1. 高一（13）班学生对网络自主学习课程的评价

2006年4月，对高一（13）班学生做了初步的调查和访谈，了解学生对网络自主学习课程这一新型学习方式的使用意见（表6-2和表6-3）。

表6-2 学生对网络课程及课件总体评价结果

项目	积极性评价 比例	积极性评价 主要评语	消极性评价 比例	消极性评价 主要评语
1. 对网络课程教学形式的评价	95.2%	新颖、有趣、自主、灵活等	4.8%	课堂纪律过于活泼、不适应
2. 对网络探究教学课件总体印象	94.5%	学习材料丰富、易于操作	5.5%	一般、喜欢传统等

表6-3 学生对网络化探究教学课件主要指标评价结果

项目	好	一般	差
1. 课件使用对促进化学学习的效果	94.2%	3.4%	2.4%
2. 课件活动、问题及版面设计	69.0%	26.2%	4.8%
3. 课件中素材丰富和难易程度	82.0%	—	18.0%

2. 网络自主学习课程对学生化学学习的一些影响

我们采集了2005/2006学年第一学期两个班级的化学中考入学成绩、期中考试成绩和期末考试成绩（表6-4），做了初步分析。

---

① 该班同时进行脑思维导图（mind mapping）训练和相应的工具软件 Mind Manage 应用

表 6-4 测验成绩总体分析

因变量		实验班/49	对照班/48	差异比较
中考成绩	均分	89.92	89.27	$Z=0.83$
	方差	11.95	17.86	
期中成绩	均分	80.33	76.15	$Z=1.98$
	方差	67.89	147.23	
期末成绩	均分	80.35	73.15	$Z=2.96$
	方差	93.52	192.94	

可以初步看出：当显著性水平 $\alpha=0.05$ 时，则 Z 的理论值为 1.96。从实验班和对照班的中考成绩来看，$Z=0.83<1.96$，说明在入学时虽然实验班的成绩要略高于对照班（分别为 89.92 和 89.27），但不存在统计学上的显著差异；从期中考试成绩来看，$Z=1.98>1.96$，表明这两个班级在期中考试时体现了显著性差异，但是这个显著性差异还很小；从期末考试成绩来看，$Z=2.96>1.96$，表明这两个班级在期末考试时存在显著性差异。差异说明网络化探究型学习对学生学习化学有一定的促进作用，有利于学生化学知识体系的掌握和深入理解[12]。

在网络环境下对化学教学进行自主-探究型教学，让学生有更多机会主动地亲身体验科学探究学习的过程，在知识的形成、联系、应用过程中养成科学的态度，获得科学方法。教师给予定向引导和帮助，促进学生学会学习，主动地获取知识，创造性地解决问题，进而构建新的化学知识体系。

参 考 文 献

[1] 胡俊. 网络环境下学生自主探究学习及其教学模式研究. 电化教育研究, 2005, 1: 76-80.
[2] 蒋家傅. 论情境学习活动的设计. 电化教育研究, 2005, 5: 18-21.
[3] Horton S. Web Teaching Guide: A Practical Approach to Creating Course Web Site. New Haven: Yale University Press, 2000: 28-40.
[4] 刘知新. 化学教学论. 3 版. 北京: 高等教育出版社, 2004: 278-282.
[5] Lynch P J, Horton S. Web Style Guide: Basic Design Principles for Creating Web Sites. New Haven: Yale University Press, 1999: 31-41.
[6] 刘冬杰. 基于 Web 的网络远程学习平台的设计与实现. 电化教育研究, 2005, 3: 47-48.
[7] 朱钦舒. 信息技术与化学教学整合的初步探索——化学网络化探究教学的理论和实践研究. 南京: 南京师范大学硕士学位论文, 2004: 24-29.
[8] 陆真, 李静雯, 邹正, 等. 信息技术与化学新课程整合的研究——思维导图及 Mind Manager 与化学模块化学习. 中学化学教学参考, 2006, 11: 47-49.

[9] 方其贵. 中学化学课件制作实例. 北京: 人民邮电出版社, 2004: 41-50.
[10] 袁中直, 肖信. 化学多媒体素材制作和应用. 北京: 化学工业出版社, 2004: 239-244.
[11] 陆真, 张俊松, 张琳. 中学化学多媒体计算机课件模板的制作与研究. 化学教学, 2001, 6: 38-40.
[12] 韩丽丽. 化学新课程网络化探究性学习的设计与初步实践. 南京: 南京师范大学硕士学位论文, 2005: 21-30.

第 7 章　互联网化学教学资源搜索和查询系统软件的设计和制作

随着新课程标准的颁布和新教材的出版与逐步实施，以培养学生科学素养和创新精神为目标的探究教学逐渐得到了广泛的应用。而探究教学是一种基于资源的教学方式，其主题的设定、情境的创设、活动的实施都需要大量丰富的相关教学资源加以支持。网络技术的发展和教育资源的不断丰富，给探究教学注入了新的活力，同时也提出了新的要求，那就是如何充分利用互联网上的各种最新的教育教学资源支持师生科学探究与学习，以达到培养学生科学素养、信息素养和终身学习能力的目标[1]。

7.1　互联网化学教学资源和信息查询系统的需求

互联网上的化学资源浩如烟海，信息处于分散、无序、变化极快的状态，给准确、便捷地找到所需信息带来困难。目前已有许多查询互联网上资源的搜索引擎，如百度、新浪、Google 等，但它们仅是通用检索工具，针对性不强，有时检索结果中有用信息不多，或者说有用信息的比例太小，使用者要耗用较多的时间才能找到所需材料[2]。

因此，信息查询与获取策略显得尤为重要，目前在网上查找信息的方法可以分为两类：一类是有既定目标的查找，另一类是没有确定目标的查找。而后者往往是指网上"冲浪"浏览。两种查找方法的比较如图 7-1 所示。用户可以使用搜

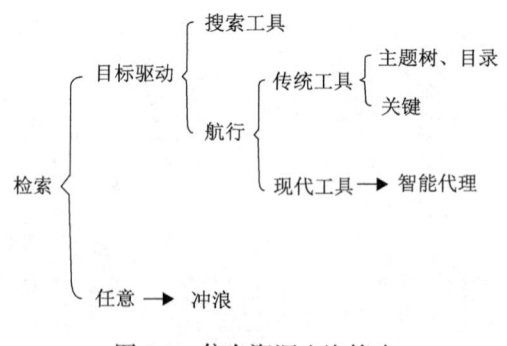

图 7-1　信息资源查询策略

索引擎查找信息，不同类型的搜索引擎适用于不同的查找需要。一般来说，搜索引擎主要分为两大类，即传统的搜索引擎（包括根据主题和关键字进行搜索）和智能代理（agent）。

7.1.1 常用任意资源查询与搜索技术

目前互联网上信息的检索技术有主题目录、关键词检索和智能代理技术。

主题目录有时也称主题指南。打开网易（http://www.163.com）、新浪（http://www.sina.com.cn）、搜狐（http://www.sohu.com）等网站都可以看到教育主题，逐级点击教育主题下的各个类目，就可以查找所需的网页或网站。

在百度（http://www.baidu.com）、雅虎 Yahoo！、谷歌 Google、About.com 等搜索引擎，用户通过输入一组或多组关键词，通过跟踪最新建立的 HTML 网页的 URL（网址），对整个互联网络进行浏览来查找信息。有许多搜索引擎能提供一个或多个关键字的简单查询，还能提供基于逻辑运算符 AND（与）、OR（或）、NOT（非）的高级查询，有些甚至能检索视频、音频等多媒体对象的网页或基于内容的查询。通常情况下，用户可以根据信息的标题、文档建立的时间和大小、所有者、文件名等进行查询，一些文献资源资料还可以根据文章关键词进行搜索。

智能代理技术是利用神经网络技术进行搜索，试图发现自然语言与样本网页的模式及它们之间的相关关系，使其与新近发现的网上资源相匹配，并反馈给用户一串网址的搜索方法。这种搜索方式并不是对整个网络进行检索，而是在接到一个新任务时就出发，去搜索网上资源并提取有价值的信息，这是一种人工智能领域新的搜索技术[3]。

7.1.2 信息资源的搜索策略

虽然搜索工具很多，但没有一种完美的搜索引擎。为了获得理想的搜索效果，重要的是掌握一定的搜索策略，选择或专门制作适合特殊类型、专题的搜索引擎。

通常情况下，需要大致了解查找主题，用主题目录的方式查到一些相关的网址，然后快速浏览这些网页上的内容，选出真正有用的信息资源，进一步阅读其中的信息。要快速查找详细和专门化的信息，需要使用基于关键词的搜索或智能代理技术[4]。

与主题目录搜索相比，关键词搜索能搜索到更为精确的信息。用这种方法时，尽可能使用高级查询，输入的查询条件要尽可能接近所需的信息，会利用已查到的信息作为关键词进行更精确的匹配查询。

另外，用户还要注意平时多收藏一些有用的网址，将常用的有关教育的网址添加到个人收藏中，这样可以大大提高信息检索的效率[5]。

7.1.3　智能化搜索引擎建立的需求

在支持学科探究性教学和主体性学习过程中需要一些专门化的有关化学教学和研究方面的信息查询系统作为支持，将互联网上原始信息资源进行分类，方便地链接到尽可能多的化学教学资源库，便于增加和修改满足化学学习中师生对相关信息、资料的了解与需求。

7.2　"中学化学教学助手"网络化学教学资源查询系统软件的设计、结构与功能特点

在以上思路指引下，从 2001 年起，我们相继设计与制作了 3 个版本的网络化学教学资源查询软件，分别为"化学舵手""化学导航"和"资源导航"，并于 2002 年 3 月和 2007 年 8 月相继在《化学教学》上发表相关文章介绍推广，向全国近 2000 名化学教师免费发放了软件。经过 10 年的运用，收到了良好的效果和反馈。由于研究性学习的推广及 STSE（科学、技术、社会与环境）教学方式的广泛运用，并且部分网站更新换代，原有的软件已不能满足化学教师的需求。2013 年 7 月设计了第四代化学导航软件——"中学化学教学助手"（以下简称"助手"），以期更好地为职前和在职化学教师的教学设计、实施、交流和专业发展服务[6]。

7.2.1　"助手"的设计思路

根据化学教师教学和专业发展的需求，"助手"从以下几个维度进行了软件平台与结构的设计。

（1）服务定位调整。"助手"以网络为平台，通过信息技术与化学教育整合，专为中学化学教师提供教学资源网站、专业工具、交流与查询下载。

（2）功能拓展变化。"助手"的功能不仅是帮助查寻教学资源，更要充分利用国外优秀教育资源，帮助使用者适应课改、情境创设、专业发展和教育国际化所提出的多元化需求。

（3）凸现特色模块。"助手"增加了交流讨论模块，供教师和学生互相交流学习。同时，新闻环保模块及时提供环保相关资源和新闻议题，提升教师和学生的绿色化学思想。教学软件模块可以更好地使教师进行空间结构演示、概念图、数据查寻、实验模拟、课外活动及专业文档处理。

（4）融入教师专业发展理念。为教师专业发展和提高提供的专业平台、论文写作与投稿的信息，具有较好的交流互动的方式，及时了解现代教育理论的发展和研修途径，以满足教师的观念现代化和自身发展的需求[7]。

7.2.2 "助手"功能模块内容介绍

"助手"主要由教学资源、课改专题、教学软件、化教期刊、国际动向、资源平台、教育图书和交流讨论八个功能模块构成（图7-2）。

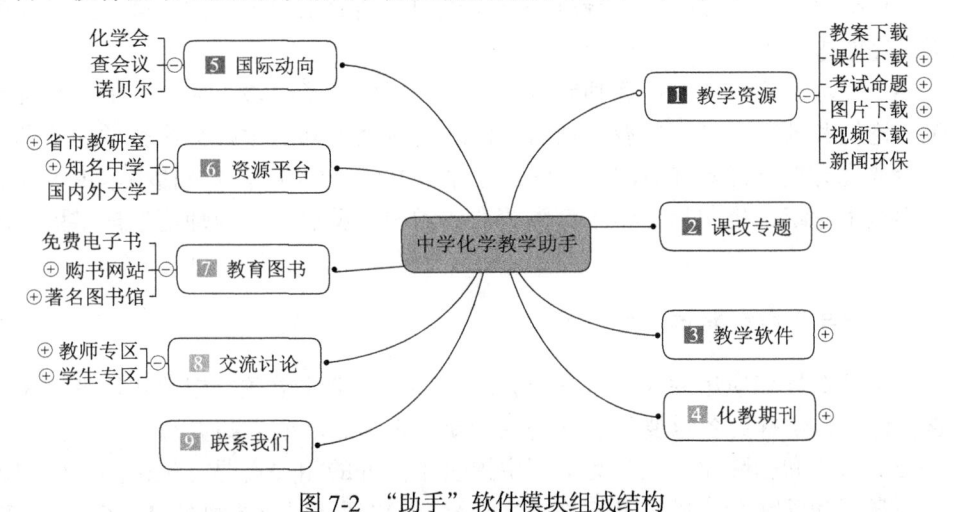

图7-2 "助手"软件模块组成结构

（1）教学资源模块。向教师提供所需的各种教学资源链接，由教案下载、课件下载、考试命题、图片下载、视频下载和新闻环保六个子模块组成，在相应的子模块中，提供网站链接和相应的介绍。子模块分为国内网站和国外网站两类，提供国内外最新的教学资源，同时可以增加资源的广度。考试命题子模块中，包含了从初中到高中每个年级的不同阶段试题的分类下载。

（2）课改专题模块。包括教育部基础教育课程教材发展中心网站及课改进行较为成功的城市课改网站，使使用者亲身体验到课改进程的脉动、趋势与成果，能够将它们尽快地运用到实际教学中。

（3）教学软件模块。提供化学教学中常用的近10个软件，包括化学金排、思维导图、ChemSketch、仿真化学实验室等，软件链接后提供软件标识和使用简介，精简版（10 MB）中提供迅雷下载地址，完整版（650 MB）中提供软件的安装压缩包。

（4）化教期刊模块。提供了与化学教师相关的11个期刊网站，在每个期刊链接后提供该期刊的封面（或LOGO）及该期刊的简介。

（5）国际动向模块。包括化学会、查会议和诺贝尔三个子模块，提供相应的网站链接。查会议子模块中提供了化学相关的国际会议查询网址及简介。

（6）资源平台模块。由省市教研室、知名中学和国内外大学三个子模块构成，省市教研室提供教育较为发达的省市教研室的网站链接，知名中学模块提供国内外知名中学网站，国内外大学模块中，国内大学按照武书连中国大陆大学排名，选择13所综合大学、9所师范大学及两所香港大学的网站链接。

（7）教育图书模块。包括免费电子书、购书网站及著名图书馆三个子模块，相应模块提供链接和简介。免费电子书模块中，精简版提供迅雷下载地址，完整版提供完整电子书。

（8）交流讨论模块。由教师专区和学生专区两个子模块组成。其中，教师专区包括论坛和博客两类，使教师及时方便地与网络上知名教师交流教学经验和研讨，汲取优秀教学经验和方法，及时反思个人教学。学生专区包括小木虫等知名的化学学术论坛，也包括化学教育师范专业的教学反思等，为师范生提供更好的交流[8]。

7.2.3 "助手"软件特点

（1）针对性和应用性强。系统所有内容都与中学化学教育相关联，更加关注教学设计与科学探究各重要环节，提供最新的教学进展成果和资料。

（2）双语和国际化。在各类资源中提供了国外的相关资源，包括国内外知名大学公开课和国际会议通知等相关链接介绍，为教师开展双语教学、IB课程、SAT、A-Level和国际课程教学等提供英文资源。

（3）信息量大。系统延续了前三代的化学导航软件的特点，汇集了国内外最新的中学化学和科学的相关网站，供初高中各个年级的化学教师使用，帮助他们更快、更好地查找到所需教学信息与实施资源，支持教学设计、有效教学与教学科研活动。

（4）提供专业工具。系统中增加教学软件，提供实验排版、空间结构各项数据、概念图等专业工具软件。

（5）易于修改，调整和扩充。查询系统采用Dreamweaver CS6软件制作，技术要求简单，便于新的教学资源和网站增加，以及旧或失效网站的取消，使用者可根据自身需求进行适当修改，及时更新。

7.3 "助手"使用实例

7.3.1 应用实例一：环境教育

随着新课程的深入实施，创设含有STSE（科学、技术、社会与环境）科学性社会议题内容的教学情境内容增多，帮助学生更好地将化学知识与社会生活相联系。而情境内容与议题的选择是目前有效教学的困境之一，如何快速有效地找到新闻素材运用于教学中,查询系统中设置了新闻环保模块,帮助教师准确及时找到相关教学资源与题材。

(1)打开软件首页,点击网页左侧教学资源。

(2)点击新闻环保模块(图7-3)。

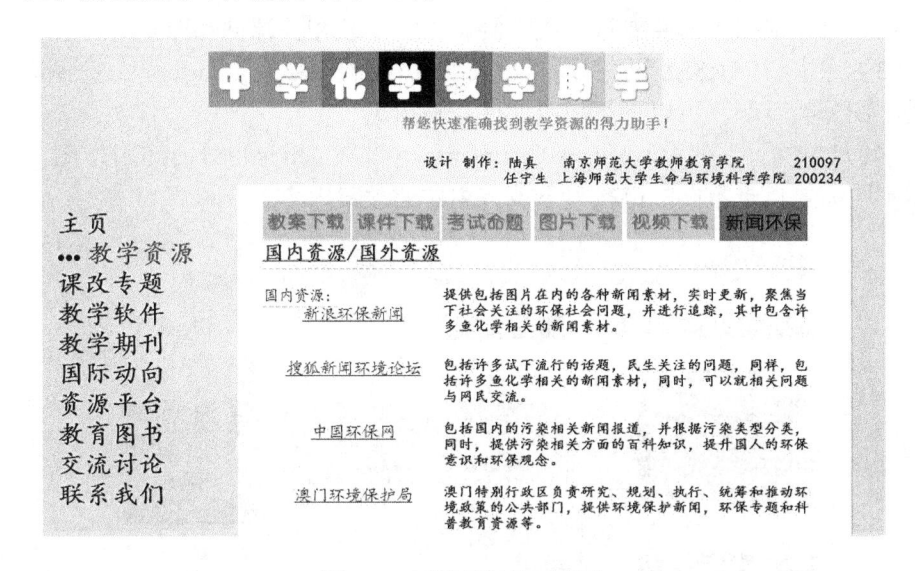

图 7-3　新闻环保界面截图

该模块分为国内资源和国外资源两个子模块,其中国内资源包括了港、澳、台在内的六个网站,国外资源包括七个网站,点击左侧的网站名即可进入相应网站。这里以搜索国外气候变化的相关素材为例。

(3)点击国外资源>>"环境资源库"。

(4)Resources by Topic>>Climate Change。

即可查找到相应的教学资源,加以运用。

7.3.2　应用实例二:研究性学习、校本课程和选修课资源

"助手"根据新课程体系开设研究性学习、校本课程和选修课的要求,可以提供国际最新的项目、专题课件和教学活动的资源平台。以著名的"欧共体普及和提高科学教育与素养"研究项目的专业网站PARSEL(Popularity and Relevance of Science Education and Literacy,http://www.parsel.uni-kiel.de/)为例。PARSEL项目共有8个国家的9所大学或研究所参加,由德国基尔大学科学与数学教育研究所(IPN,http://www.ipn.uni-kiel.de/)的Graeble博士主持,包括数学、物理、化学、生物和科学等学科。现有54个专题单元的研究性课题材料开放提供,其中化学有27个中学化学科学研究专题的模板和全部材料,由研究目的与要求、学生探究材

料、教师指导材料、评价作业和教师引导材料组成,适合 7~12 年级学生在 2~5 节课时间内进行活动与实验。通过科学探究提高学生的兴趣和学习成效。

(1)打开网站主页,点击网页左侧"教学资源"。

(2)点击课件下载>>"国外资源",该栏目提供课件下载相关的国外优秀网站链接,可以根据不同需要进入相应网站中,下载相关课件和课堂活动。

(3)点击"PARSEL 网站">>"Modules Developed by Parters",选择该模块下的不同分类专题,可以下载相应课件与材料。

(4)点击网页左侧"Overview Chemistry">>"Which is the best fuel"(图 7-4),根据不同需要点击不同的链接,下载该主题的教案内容。

图 7-4　PARSEL 网站截图

"助手"软件旨在直接方便地查找教学资源,把握国际科学教育和课改动向,提高教师专业素养和专业水平。另外,促进职前师范生更快地适应教师职业,促进教学设计与实施能力的形成,尽快地成长为优秀教师[9]。

7.4　"助手"软件的获取与使用方式

"助手"软件采用 Dreamweaver CS6 制作,在 Windows XP 及以上系统中均可正常运行,若系统中 IE9(Internet Explorer 9)显示出现问题,请将 IE9 降级至 IE8 或使用其他浏览器即可,无需安装插件。"助手"分"完整版(620 MB)"和"精简版(10 MB)"两种形式,"精简版"可直接下载。

"精简版"软件可以通过两种方式获取：一是登录《化学教学》网站的学科资源栏目中下载；二是直接发邮件至作者（renningsheng718@126.com）索取或下载。软件下载后，解压缩打开文件夹，其中有13个系统文件夹和1个平台运行链接程序"Index.html"，点击程序即可运行软件，进入主界面。

参 考 文 献

[1] 陆真, 张俊松, 吴迪. "化学舵手"查询系统的设计与制作. 化学教学, 2002, 3: 27-28.
[2] 缪强. 化学信息学导论. 北京: 高等教育出版社, 2001: 29-32.
[3] 袁中直, 肖信, 陈学艺. 化学化工信息资源检索和利用. 南京: 江苏科学技术出版社, 2001: 124-131.
[4] 程智. 网络教育基础. 北京: 人民邮电出版社, 2002: 290-301.
[5] 杨晓宁, 施国良. Internet 网信息资源查询. 南京: 河海大学出版社, 1998: 66-74.
[6] 陆真, 李炜琴, 赵成兰. "化学导航"网络教学资源查询系统的设计与应用. 化学教学, 2007, 8: 52-54.
[7] 陆真, 任宁生. 支持化学教师教学设计的网络化学教学资源平台——"中学化学教学助手"软件介绍. 化学教学, 2013, (9): 47-52.
[8] 魏雯, 林菲菲, 陆真. 来自互联网上的科学趣味实验资源. 中小学教材教学, 2006, 9: 88-92.
[9] 吴明, 麦裕华, 肖信. 试论教师网络信息获取能力的组成与发展. 中学化学教学参考, 2007, 8: 13-15.

第8章 国内外优秀化学教学资源网站的分类介绍

当前,新课程标准中探究性学习的开展和问题情境的创设,需要一线教师及时掌握优秀的教学设计和情境素材。而随着国内高校的自主性增加,自主招生成为一种很重要的高校招收人才的手段,同时化学奥林匹克竞赛也是各学校关注的重点。我们精选了12个国内优秀的教学网站,根据网站的内容和功能,可分为课件与教学资源类、教学视频类、素材与环境保护类、奥赛与自主招生类四种类型,对它们的内容、特点进行简要介绍,并列举出相应的实例,以帮助教师更好地适应新课程的教学需求,供一线教师在学习和研究中参考。

同时,化学教育国际化的发展日增,特别是在中学国际课程、中外联合培养、出国留学低龄化的形势下,一线教师需要及时关注国外优秀的化学教学资源与教学案例,更加需要了解国外教育、考试、课程标准等信息。因此,也精选了12个国外优秀化学教育网站,根据网站的内容和功能,可分为教学资源类网站、考试评估类网站、科普新闻类网站、工具软件类网站四种类型。介绍它们的特点与使用方式,并且列举每类网站的实例,帮助化学教师有效地应用这些资源,及时地了解科学与化学教育发展的最新动态,满足更高层次的教学与研究的需求[1]。

8.1 国内优秀化学教学资源网站的分类介绍

8.1.1 课件与教学资源类

1. 中国中小学教育小学网

中国中小学教育小学网(http://rc.k12.com.cn/cloudRes/cat/show/t/9_21 K12,教育信息产业集团),涵盖人教版和粤教版初中、高中化学教育教学所需的教案,提供试题、素材、软件、论文、考试试题等资源的免费下载。

2. 新思考网

新思考网(http://chem.cersp.com/hxjx,北京师范大学化学教育研究所),化学教学的资源平台,提供权威性较高的化学教学相关的各类教学资源。资源与新课程标准和新化学教材紧密相连,强调信息技术与课程整合科学探究性活动,提供研究性学习资源。网站唯一的缺点在于最近缺乏维护,更新较少。

3. 飞雁化学网

飞雁化学网[http://www.fyhxw.cn/,江苏省邳州市运河中学化学组(李飞雁)],包括齐全的化学相关的教案、课件、趣味化学、论文、游戏、环保等教学资源,其中教案下载按照各年级分类,更新及时。适用于新上任的化学教师参考使用。网站中部分内容需收取少量费用才能下载,由于是个人主持运营的网站,所以也为情理之中。

8.1.2 教学视频类

1. 化学教育资源网

化学教育资源网(http://www.ngedu.net/),提供齐全的中学化学学科所需的试题、教案、课件、教学软件工具软件免费下载。提供国内前沿的课程改革信息,更新及时,资源丰富。

2. 博视网

博视网(http://www.bosw.net/huaxue/),含中学各门学科的教学视频,分类明确,其中化学学科根据年级分类,教师的视频都包括一系列课程,用于教师的每一个教学环节。

3. 视频教学网

视频教学网(http://www.jx101.cn/vodlist/5_1.htm),中学化学学科各类教学与活动视频,包括试题讲解、专家辅导等。尤其适合新教师参考使用。

8.1.3 素材与环境保护类

1. 化学教育咨询网

化学教育咨询网(http://www.chemedu.ch.ntu.edu.tw/,台湾教育科技顾问室),为在职与职前化学教师提供教学咨询的园地,包含了台湾著名大学的化学教学相关网站链接。有许多与化学前沿相关的素材,适用于STSE(科学、技术、社会与环境)教学的开展。

2. "国科会高瞻自然科学教学资源平台"

"国科会高瞻自然科学教学资源平台"(http://case.ntu.edu.tw/hs/wordpress/,台湾大学科学教育发展中心),台湾基础教育高瞻计划网站,为培养学习科学的优秀学生而创造的项目。提供化学及其他学科方面的科学百科知识，多贴近社会生活。网站内根据不同化学主题提供了不同的化学趣味实验及相关知识的讲解，适合教师在探究性学习中使用。

3. 绿色/永续化学网路资源共享网

绿色/永续化学网路资源共享网（http://gc.chem.sinica.edu.tw/education.html，"台湾科学委员会化学研究推动中心"），提供了绿色化学相关的资源下载。其中，包括绿色化学实验活动与论文，可用于推广培养学生环保情感。

8.1.4 奥赛与自主招生类

1. 中国名校自主招生网

中国名校自主招生网（http://www.mxzzzs.com/，清华紫光教育公司），国家指定唯一官方网站。提供了中国高校自主招生的最新动态和试题解析等资源。网站提供了不同省份不同高校自主招生简章、模拟题和真题的解析，帮助教师和学生及时掌握信息，把握命题规律。

2. 中国学科奥林匹克竞赛网

中国学科奥林匹克竞赛网（http://cso.cyscc.org/chemical/index.aspx，中国科学技术学会、中国化学会），包括中国与国际化学奥林匹克竞赛的活动简介、竞赛章程、获奖名单等资源，帮助教师和学生及时掌握命题方向，做到有的放矢。

3. 国际化学奥林匹克竞赛网

国际化学奥林匹克竞赛网（http://www.twicho.tw/，"台湾教育部门"），包括国际化学奥林匹克竞赛的规章、参赛计划，包括1991～2014年的历年真题和部分国家模拟题，适合参赛指导教师讲解分析与指导学生。

8.1.5 分类网站应用示例

1. 课件与教学资源类应用示例

对于一线教师，尤其是新上任的教师，教案的准备和素材的收集是一个相对烦琐的任务，借鉴优秀的教学设计可以帮助新任教师免去烦琐的步骤，及时适应教学过程。

（1）打开"飞雁化学网">>"文章及多媒体"。

（2）点击"化学教案">>"[图文]初三化学教案溶解度"。

溶解度的概念教学是一个较难把握的课题，由于涉及微观和定量分析的思想，学生在溶剂、溶质、溶液等多个相似概念的理解上会存在一定难点，借鉴和参考优秀的教学设计则可以有效帮助教师将该课题教好（图 8-1）。

图 8-1 "飞雁化学网"化学教案截图

2. 教学视频类应用示例

随着新课程的实施，学习和解读新课程标准，理解课程标准中的新思想、新理念和新方法，对于化学教师是至关重要的。

（1）打开"化学教育资源网">>"视频在线"（图 8-2）。

图 8-2 "化学教育资源网"视频在线截图

（2）点击"高中化学课程标准解析（王祖浩）"。

观看高中化学课程标准研制组组长王祖浩教授的讲座，无疑是快速提升自身教学技能与熟悉掌握新课程理念的重要方法。

3. 素材与环境保护类应用示例

新课程标准中明确要求 STSE（科学、技术、社会与环境）教学方式的运用，在教学中学生环境保护的情感态度与价值观的养成在教学中也越来越重要，而如何快速找到相关的教学资源并加以运用则需要网络资源的充分运用。

台湾高瞻计划是为了提升大众的科学与科技素质，培养国际竞争力的科学研究及科技专业人才，在高中开展研究性学习融入新兴的科技课题，启发学生对科学的好奇与兴趣，培养学生主动学习的能力。

（1）打开"国科会高瞻自然科学教学资源平台">>"热门关键词"。

（2）点击"再生能源"（图 8-3）>>"再生能源发展的限制"。

图 8-3 "国科会高瞻自然科学教学资源平台"再生能源截图

工业化发展使得不可再生的石油能源消耗速率加快，而可再生能源的绿色环保性和循环再生性促使其发展日益受到全球的关注，网站提供了多篇再生能源的相关素材可供教师教学中参考使用。

4. 奥赛与自主招生类应用示例

近年来，国内高校的自主权越来越大，高校招生的录取已不局限于高考一种形式，自主招生也成为目前国内一种非常重要的高校选拔人才的形式。

（1）打开"中国名校自主招生网">>"笔试真题"。

（2）点击"2013 年华约自主招生部分笔试题"（图 8-4）。

图 8-4 "中国名校自主招生网"笔试真题截图

"华约"即国内知名的清华大学、中国人民大学、上海交通大学、中国科学技术大学、西安交通大学、南京大学、浙江大学七所高校组成的联盟，自主招生时使用一份选拔试卷，及时了解和分析试卷真题，对于把握命题规律和出题方向都有着至关重要的作用。

8.2 国外优秀化学教学资源网站的分类介绍

8.2.1 教学资源类网站

该类网站中，主要提供与教学相关的教案、学案、实验设计和评估等内容下载，教学资源与现实生活和社会紧密联系。

1. 化学教育

化学教育[http://www.scienceeducation.gov/，美国联邦政府能源部科学与技术信息处(OSTI)]，美国联邦政府资助的科学、技术、工程等方面的教育资源网站，包括课堂活动、课程、教案等。还提供了许多免费外链接资源，如 Jefferson 实验室，可以帮助化学教师根据需求扩大教学资源的搜索范围。适用于研究性学习、课外活动的设计。

2. 英国皇家化学会教育资源网站

英国皇家化学会教育资源网站[http://www.rsc.org/learn-chemistry，英国皇家

化学会（RSC）]，包括英国皇家化学会提供的各类化学教学资源。根据不同角色，不同资源类型，不同年级，不同内容来快速筛选所需要的教学资源，教学资源中的生活性、社会性和趣味性强。可以帮助教师为完成各类化学教学设计提供资源。

3. 普及和提高科学教育与素养网站

普及和提高科学教育与素养网站[http://www.parsel.uni-kiel.de/cms/index.php?id=home，"欧共体普及和提高科学教育与素养"项目组（德国基尔大学）]，满足研究性学习、校本课程和选修课的要求，是提供欧共体最新的项目研究成果、专题课件和教学活动的资源平台。根据不同学科提供不同的模块，同时研究课题还提供学生、教师材料及教师的注意事项等系列文件。

8.2.2 考试评估类网站

目前，国内中学生出国留学的人数，每年平均增加 15%~20%。大多数赴英语国家，主要以参加国际文凭（IB）、美国 SAT 和英国的 A-Level 的考试为主。

1. SAT 化学考试网站

SAT 化学考试网站（http://sat.collegeboard.org/practice/sat-subject-test-preparation/chemistry），美国大学理事会（the College Aboard）对美国大学入学考试 SAT 中化学学科的介绍，可查询考试日期、分值、时间和问题，以及考试的注意要点等资讯。适合申请美国大学本科的学生和 IB 国际文凭课程班的师生使用。

2. IB 化学资源网

IB 化学资源网（http://ibchem.com/IB/ibsyllabus.htm），英国 IsisSoft 公司提供国际文凭 IB 中的化学学科考试大纲、实验和评价等资讯，每个教学模块介绍。在实验模块中，对每个实验都有具体的指导，并对数据收集和处理等能力培养提出评价方案。适合申请英国和其他国家的大学，供 IB 国际班文凭班的师生使用。

3. A-Level 化学考试网站

A-Level 化学考试网站（http://www.cie.org.uk/qualifications/academic/uppersec/alevel/subject?assdef_id=736），英国剑桥国际测试中心（CIE）介绍了英国 A-Level 课程，免费提供历年教学大纲和试题的下载。A-Level 考试的资料非常详尽，提供免费和收费的不同网站链接，帮助学生更好地准备考试。适合申请英国大学的学生和相关国际班的教师使用。

8.2.3 科普新闻类网站

教学情境在课堂中运用越来越普及,特别是与化学相关的科普新闻报道及社会性科学议题,关注的点以环境能源教育和生活中化学现象为主,教师可以将相关的新闻素材下载,在实际教学中加以运用拓展。

1. 有趣的科学网站

有趣的科学网站（http://scifun.chem.wisc.edu/）,美国威斯康星州立大学麦迪逊分校 Shakhashiri 教授主办的网站,旨在激发学生学习动机,提高科学素养。提供了许多生活中的趣味化学实验和新闻报道等。新闻报道多与现实生活、科技发展紧密相关,生活性和趣味性强。适合高中新课程标准中科学探究活动、学习使用。

2. 美国化学会网站

美国化学会网站（http://portal.acs.org/portal/acs/corg/content）,美国化学会（ACS）提供美国化学会出版的学术杂志、学术会议通知、成果推广等信息。包括绿色化学模块,提供相关的教学资源和科技新闻素材,可作为情境素材用于实际教学中。

3. 科学日报网站

科学日报网站（http://www.sciencedaily.com/news/matter_energy/chemistry/）,由加拿大籍美国科幻作家丹·霍根、米歇尔·霍根创建,提供与化学科学相关的最新研究进展。根据学科研究方向,进行了细致分类报道,其中的图片、视频均独立呈现,可根据需求及时找到信息,加以运用和拓展。适合研究性学习和 STSE（科学、技术、社会与环境）教学模式的运用。

8.2.4 工具软件类网站

主要是教学过程中常用的化学工具网站,提供相应的化学软件下载,并在教学中加以运用,可以帮助学生理解许多化学中抽象的概念。

1. 教育焦点软件

教育焦点软件（http://www.focuseducational.com/index.php,英国教育焦点软件有限公司）,提供与教育类相关的免费软件,包含气候改变、科学、地理信息等相关的模拟软件,供化学教学课堂模拟实验使用。

2. ChemAxon 网站

ChemAxon 网站（http://www.chemaxon.com/products/,化学信息学社）,提供适合不同系统运行的化学信息学软件平台和桌面应用程序。

3. PerkinElmer 软件

PerkinElmer 软件（http://www.cambridgesoft.com/，美国 PerkinElmer 信息网站），提供与化学科学相关的运用软件下载，如 Chem3D、ChemOffice、ChemDraw，软件实用性强。适合教师将化学微观教学形象化的教学设计使用。

8.2.5 应用案例

1. 国际考试类应用示例

国际上认可度较高的高中水平考试有美国的 SAT（Scholastic Assessment Test）、美国的 AP（Advanced Placement）、国际文凭 IB（International Baccalaureate Diploma Programme）、英国的 A-Level（General Certificate of Education Advanced Level）课程，都设有化学学科的考试科目，了解不同考试的大纲要求和历年试题是化学教育国际化所需要的，以英国的 A-Level 课程为例。

（1）打开"A-Level 化学考试官方网站">>"Syllabus Materials"，该模块提供了最新的考试大纲及历年的教学大纲修订和试题免费下载。

（2）点击"2013 Syllabus"即可下载 2013 年 A-Level 化学课程的考试大纲（图 8-5）。

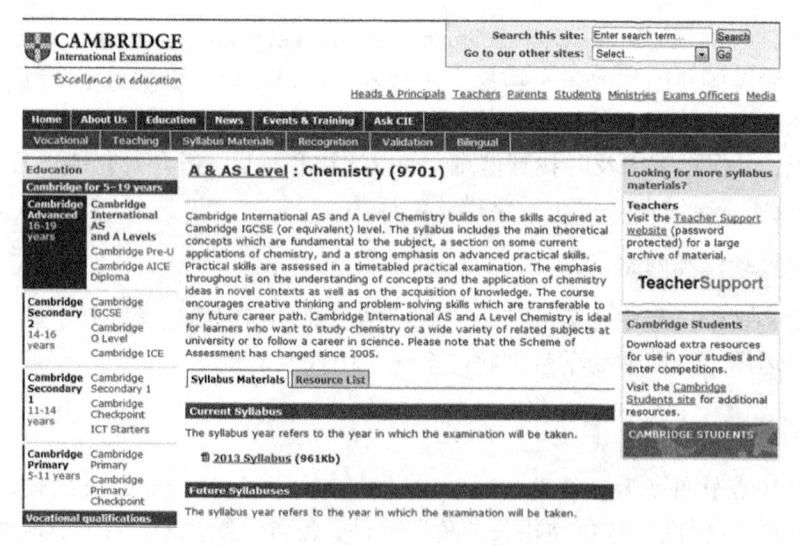

图 8-5　A-Level 化学考试大纲截图

2. 科普新闻类应用示例

创设含有 STSE（科学、技术、社会与环境）和科学性社会议题的教学情境，能够帮助学生更好地将化学知识与社会生活相联系，而情境内容与议题的查找是困难之一。科普新闻类网站中的科学日报网站可以帮助教师快速找到最新的相关内容（图 8-6）。

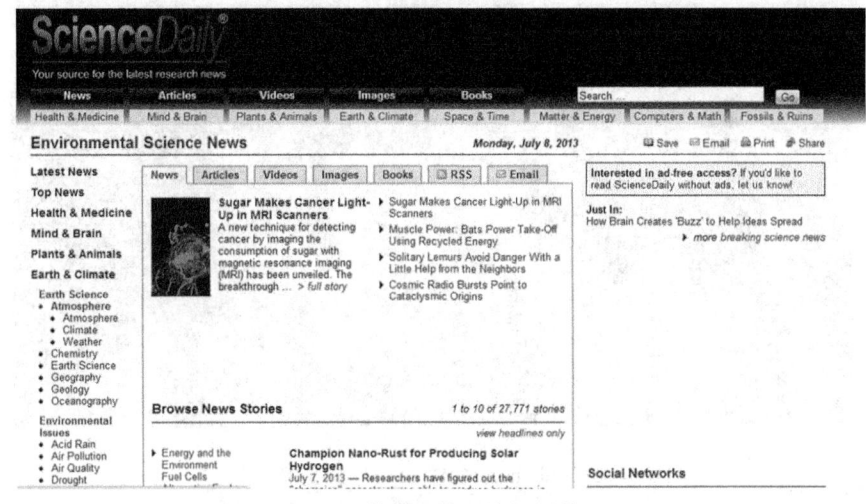

图 8-6 科学日报环境新闻截图

（1）打开"科学日报网站">>点击"Earth & Climate"，内容包含全球变暖、污染等环境问题的新闻链接，根据需要点击不同性质的环境问题，即可找寻到相关社会性科学议题。

（2）点击"Environmental Science News">>"Champion Nano-Rust for Producing Solar Hydrogen"（利用太阳能使廉价金属腐蚀的制氢方法）。

该新闻内容为太阳能制氢的最新进展，太阳能和氢能源都是新的发展中的清洁能源，涉及物理、化学、生物、地理科学等多个领域，是很好的情景与议题素材。

3. 工具软件类应用示例

有效方便的教学工具软件可以提高课堂教与学效率。

（1）打开"美国 PerkinElmer">>"Chemistry"，该模块中提供的所有化学软件均可以下载。

（2）点击"ChemOffice">>"Download Free Trial"下载安装该软件。

（3）安装软件完毕后，打开 ChemBio3D Ultra 12.0 运行软件，绘制 3D 模型。

在有机化学的教学中，有机物的构型需要有空间三维想象能力，而该软件可以使学生更加直观地掌握有机物的空间结构，更好地理解有机反应过程（图 8-7）。

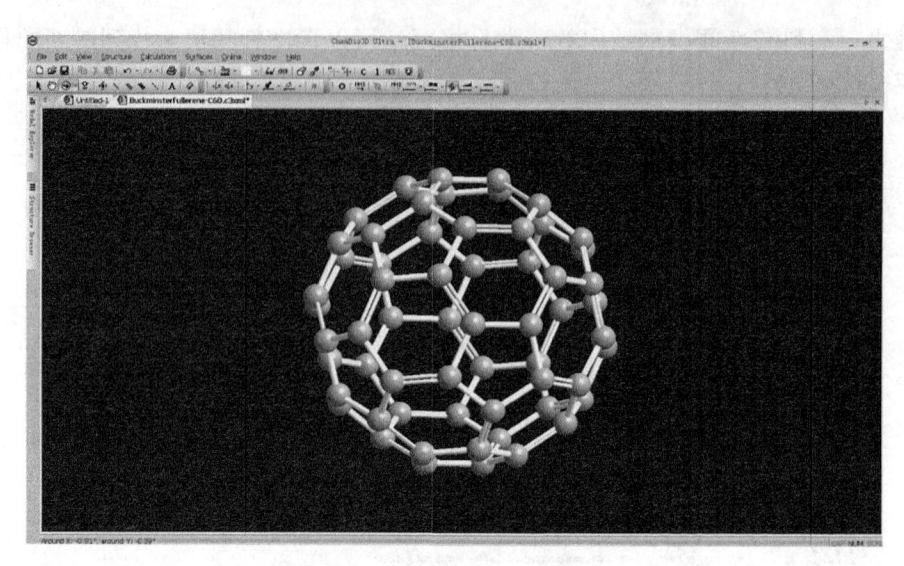

图 8-7　JChem 软件 C_{60} 3D 构型截图

随着师生信息技术素材和英语水平的不断提高，上述网络资源无疑会对化学学科的学习和教学设计起着催化作用，也拓展了我们的视野，感受着全世界化学与科学教育发展带来的愉悦[2]。

参 考 文 献

[1] 钱扬义, 王祖浩, 陈建斌, 等. 信息技术与化学课程整合研究. 课程·教材·教法, 2004, 7: 63-67.
[2] 陈凯, 陈昌云, 陆真. 化学教育英文网络资源分类例谈. 化学教育, 2011, 32(5): 47-52.

第 9 章　应用思维导图提高学生解决化学问题的能力——化学教学转型探索的行动研究

2005 年以来，思维导图开始在中国被广泛地运用于中小学的各学科教学中，因其在转变学生的学习方式、提高学习效率方面卓有成效，受到越来越多教育界专家学者的关注。随着对其相关理论研究的深入，它在学科和化学教学中的积极作用逐渐显现出来。与此同时，在中学化学课程教学中，培养学生的创新意识和科学素养，优化学生的思维品质，提高学生分析和解决问题的能力，已经成为人们关注的热点[1]。通过引入思维导图和相关软件 Mind Manager 对化学概念进行有效建构，在化学复习教学中帮助学生整理、回忆化学知识，引导学生运用新的思维方式与手段参与问题解决的过程，从而提高解决问题的思维水平和能力素养。教师运用思维导图的工具软件进行教学设计和开展教学活动，也使教学过程变得更加富有创造性和发散性。

9.1　关于思维导图的发展和应用化学问题解决能力的研究背景

9.1.1　思维导图的由来

思维导图是 20 世纪后期出现的一种放射性思考的新型思维方式。它运用放射性思维方式，将习得知识的过程与解决问题的过程转换为以知识的核心概念或是以关键问题为中心、借助联想式思维技巧来实现理解知识概念和解决问题。

当初巴赞①创造思维导图的初衷是为了改变传统的记笔记方式。大学生时代的他，和大多数学生一样，阅读大量的学术著作并认真地做学习笔记。后来他发现，阅读量虽然在不断增大，但思维能力、创造力、记忆力及解决和分析问题的能力却并没有随之增长，反而是越用功学习、笔记记得越多，学习成绩越不尽如人意。

为了改善这种学习方式和状态，巴赞着手研究心理学、脑神经生理学、语言学、神经语言学、信息理论、记忆技巧和助记法、认知理论、创造性思维及一般

---

① 托尼•巴赞，1942 年生于英国伦敦，毕业于英属哥伦比亚大学，拥有心理学、英语语言学、数学和普通科学等多种学位。他是著名大脑潜能和学习方法研究专家，英国头脑基金会总裁，曾以帮助查尔斯王子提高记忆力而闻名世界，被誉为英国的"记忆之父"。

科学，并从生物学、心理学、教育学等多学科角度对人的大脑机能、思维模式及潜能开发进行了试验和研究。

研究表明，人类对大脑的使用只占到大脑机能的 4%～6%，即使是爱因斯坦也仅仅使用了大脑机能的 18%。人类头脑的每一个脑细胞（神经细胞）都包含一个巨大的电化复合体和功能强大的微数据处理及传递系统，从细胞核中央向四周发散，导入更多的通道，再做发散，所链接的信息无法计数。他试图通过模拟脑细胞传递信息的各种技巧设计新型的笔记方式——从中心主题出发，发散开多个副主题，进而再衍生出更多的子主题，在一张纸上建构出笔记的整体，并使文字与图像、线条与色彩相结合，极大程度地唤醒人脑的视觉化能力[2]。不仅构筑起笔记完整的主体构架，还留下更多发散的空间给予学习者继续做修改与补充而不破坏笔记整体结构；不仅笔记内容以图式的方式记录下来，而且在文字、线条、色彩及图像对大脑的左右半球的全面刺激下，同时提高了学习者的记忆效率（图 9-1）。

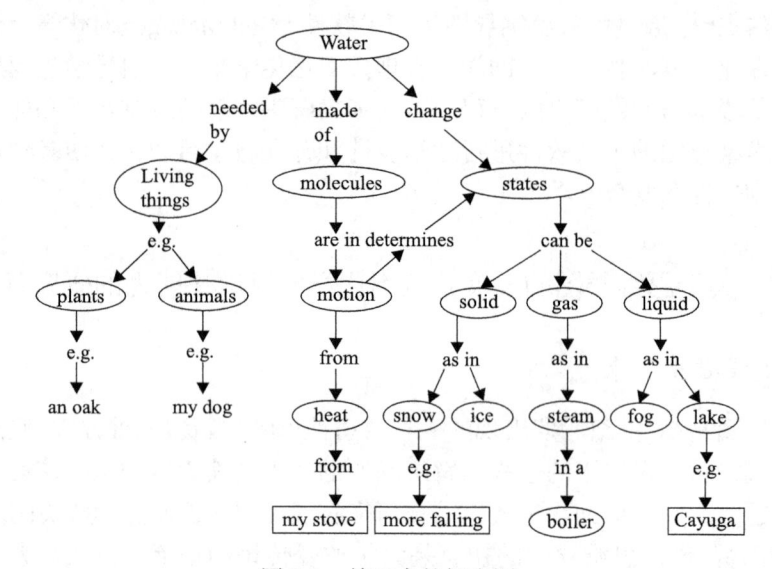

图 9-1 关于水的概念图

此后，巴赞开始进一步探索通过放射性思维训练运用思维导图这一全新笔记方式改变提高学习者的学习效率、转变学习方式。他于 1971 年开始将其研究成果总结成书，逐渐形成了放射性思考（radiant thinking）和思维导图（mind mapping）的概念与理论。

9.1.2 思维导图的发展

巴赞认为思维导图有四个基本特征：思维注意的焦点清晰地集中在中央图形上；主题的主干作为分支从中央向四周放射；分支由一个关键的图形或者写在产

生联想的线条上面的关键词构成；比较不重要的话题也以分支形式表现出来，附在较高层次的分支上，各分支形成一个连接的节点结构。

思维导图的结构类似人的神经网络，围绕一个中心点进行无限扩散。这种方法提高了人的理解力和记忆力，对逻辑思维和创造性思维有很大的帮助。经由思维导图的放射性思考方法，不仅能提高资料的累积量，还能将数据依据彼此间的关联性分层、分类加以管理，使资料的储存、管理和应用更为系统，从而提高大脑运作的效率。

思维导图是从一个主要概念开始，随着思维的不断深入，逐步建立一个有序的图，呈现的是一个思维过程，学习者能够借助它提高思维能力，理清思维的脉络，并可供自己或他人回顾整个思维过程。

思维导图的布局突出层次，使用数字顺序，在绘制时还特别注意：突出重点，中心主题最好以颜色丰富的图形表示以便于记忆，而整个思维导图中的关键主题或分支也要用具有层次感的图形、字体、线条表示，而且间隔要合理、富有变化；使用联想，在进行分支间连接时，可以使用各种箭头、用色彩或代码；清晰明白，分支线条的粗细要有安排，每条线上只写一个关键词；形成个人风格，在熟悉了思维导图的基本规则后，形成个人的制图风格帮助知识的整理和系统化。

思维导图通对颜色、图像、符码等的协调使用，把所有的信息组织在一张树状的结构图上，每一分支上都写着不同信息的关键词或短句，将其分类并且有层次地分布于一幅充满色彩、图像、线条的图上，能够同时刺激学习者的两个半脑，激发其在思考、记忆、分析、触发灵感时的所有潜能。学习者可以很方便地查阅整体架构和关键细节，甚至可以从中发现事物之间的新关联，轻松地理清交错复杂的脉络，不但可以帮助记忆、增强创造力，还能使学习活动更轻松有趣并形成个人特色[3]。

在教学过程中，学生是学习的主体，思维导图运用大量的图片色彩，提供了丰富多彩的学习情境，利于培养学生的多元智能，激发学生的学习兴趣，帮助学生主动进行知识建构，完成知识与技能、过程与方法和情感态度价值观的主体思维结构的建立，克服概念图的不足。因此，在培养学生创新能力的过程中概念图逐步被思维导图取代。

9.1.3　思维导图的应用

思维导图运用图文并重的技巧，开启人类大脑的潜能，得到了广泛的应用。巴赞已出版专著近百部，在100多个国家的总发行量突破千万册，而全世界约有2.5亿人在使用思维导图并从中受益。由于它能提升思考技巧，大幅增进记忆力、组织力与创造力，展现个人智力，已经被越来越多的人掌握和使用。在英国、澳大利亚、美国、德国等一些国家，思维导图还被运用于进行创意的发散与收敛、企划项目、制订市场营销战略、组织会议等各个方面。

哈佛大学、剑桥大学、伦敦经济学院等知名学府正在使用和教授思维导图。在美国，思维导图在中小学教育中得到广泛的应用，成为学生认知的辅助工具，《美国国家教育技术标准》中所提供的教案范例和软件资源目录中可以看到许多优秀教案都使用了思维导图。在新加坡，"思维导图"已经成功地引入中小学教育，《幼儿思维导图》更是成为年轻父母必读的图书。在很多教学研究论文、书籍及互联网上也可以找到各种丰富的思维导图作品及相关网站、论坛。2005 年 4 月，我国外语教学与研究出版社引进出版了以思维导图为核心理念的系列丛书，全面介绍了该领域的成果与发展。

9.1.4 思维导图在理科教学中的应用研究

将思维导图运用于理科教学，思维导图建构概念图的强大功能，可以改变学生的学习方式，调整教师的教学策略，以达到提升学生绩效、培养学生发散思维能力的目的。不少一线教师和教育教学研究工作者提出了应用研究思维导图在理科教学方面的研究结论与个人体会、反思。

南京师范大学的研究生李静雯、张怡天等进行了《思维导图在中学化学教学中应用的研究》的专项课题研究[4]，课题研究中应用调查法和访谈法，探讨思维导图在化学中的应用前景和价值。同时在南京外国语学校和南京市第三中学开设相关选修课程，应用思维导图促进学生学习化学，提高教学效果，探究教学途径、方法和技术，取得了较理想的效果，特别是学生学习能力有了突出的变化，参加美国 SATⅡ.Chemistry 考试的学生均取得优异的成绩。

在中国台湾地区，借鉴了从 20 世纪 80 年代以来所提出的问题解决教学策略的具体建议与实施程序，根据《国民教育阶段九年一贯课程总纲纲要》中所提出的以学生为本位，学习九年一贯而统整的认知、技能、情意等能力，旨在小学自然与生活科技课程以生活为起点，科技为延伸，为提高学生解决实务问题和改善生活品质努力。通过探索研究发现心智绘图（思维导图）具有充分发挥心智绘图的组织管理知识的系统性、注重思维的扩散性与放射性等诸多特征，有别于传统式的线性思维笔记模式，便有了将其融入小学自然与生活科技教学有助于启发学生的创意。

总体看来，国内关于思维导图的应用研究内容主要集中在以下几个方面。

（1）对思维导图的基础理论的探讨。

（2）对思维导图的原理、制作、作用等的介绍，以及思维导图与概念图的辨析。

（3）思维导图作为一种改进教学方式的教学策略。研究内容包括思维导图在英语教学中的使用、医学课程教学中的使用、化学教学中的应用、物理图形教学中的使用等。

（4）思维导图作为学习工具的功能研究，提升记忆力的工具、培养学生思维能力的工具、笔记记录的工具等。

（5）思维导图相关软件作为信息技术教学的手段与学科教学整合的应用研究。

主要集中在让学习者对思维导图有全面的认识，了解其特点优势，以及其理论基础。学习者在应用过程中大多显现出模仿、再现的现象，而在突出表现思维导图联想、想象、个性化深层次的特点及实际应用在学科教学中的研究结果则较少涉及。为此，基于新课程的深入实施教学，选取问题解决与思维导图的应用相结合，以学生的学科知识为载体，探讨如何将思维导图针对性地应用于学生的学科问题解决的环节，使各类学生的思维能力、学习能力和科学素养得到相应地提高，是今后的主要关注和研究的领域。

9.2 关于对化学问题解决能力教学的理解

20多年来，在对化学问题解决的深入研究中发现，在化学问题解决过程中，学习者首先需要识别问题，对问题进行表征，这一环节所体现出的学习者的表征能力决定了对问题认识层次水平的深与浅。斯通（Stone）提出了化学问题解决过程中的表征的三个不同水平：宏观水平表征、微观水平表征和符号水平表征。从宏观到微观的表征，从具体到抽象的符号表征，反映了解题者对问题的理解深度，关系到能否解决该化学问题。通过对问题的表征与认识，经过分析建立解决问题的初步模型。思维方式和策略直接决定和控制着化学问题解决的过程。

思维导图可以充当思维建构的脚手架，在问题解决过程中引导思维的方向。这种过程促进了学习者的化学问题解决能力的形成，放射状的思维表达方式使学习者多角度地全面思考问题，促使其通过多维表征和多策略解决问题。

9.2.1 对问题解决的理论认识

从心理学角度来看，问题解决是一种极为复杂的心理活动："问题解决是由一系列目的指向的认知操作过程组成的。"安德森（Anderson）将问题解决的特征概括为三点：其一，具有目的指向性，即从问题的初始状态出发，克服多重障碍，以实现问题的目标状态；其二，包含运算的特点，即解决问题过程中须选用一系列算子达到最终目标；其三，具有认知性，问题解决的效果直接取决于认知活动的紧张性和质量。

梅耶（Mayer）则强调问题解决是认知的、定向的、个人的，并且是一个过程。而在加德纳（Gardner）看来，问题解决就是一种智能，在问题解决过程中运用自己的智能强项去理解、处理、利用信息，再采取不同的方法、思路与策略，说明他更倾向于将问题解决视为一种将知识应用于各种情况的能力。国外一些学者对问题解决的理解还持有其他不同的观点，如奥苏贝尔认为问题解决是一种有意义发现学习的形式，但不是一种完全自发的发现；阿什莫尔（Ashmore）认为问题解决是将知识和程序应用到问题中的结果；问题解决是一种创造性活动，即综合、创新地应用已学到的知识和方法来解决非常规的问题。

我们认为问题解决是基于思维活动的，只有以思维为载体，问题解决才能够实现，并且这一思维过程受到所具备的知识背景、个人经历、大脑发育、特定的社会思维范式等诸多方面的影响。

9.2.2 化学问题解决的研究

1. 化学问题解决心理模型的研究

阿什莫尔、弗雷泽（Frazer）和卡西（Casey）将问题解决分为四个阶段：识别问题、选择适当的信息、组合独立的信息及评价。瑞福（Reif）提出应该将专家自动化解决问题的过程明确地交给学生，并明确指出问题解决的过程包括三个步骤：分析、制订解决方法和检验结果，强调注重化学问题解决的过程而不是其结果[5]。一些学者将制订解决方法进行了细化。例如，将标准问题分解成子问题，或是在给定的信息与需求信息之间建立图表式提纲，或是运用数学方法等。但大体上，都是围绕着分析问题、解决问题、检验结果的过程而展开论述的。

从对化学问题解决的心理模型研究中，可以发现不同的问题解决者在解决化学问题时遵循的心理模式是不相同的。对于教师而言，若能够在化学教学中渗透强调思维模式方法的思想，无疑学生的问题解决能力会有所提高。

2. 影响化学问题解决因素的研究

化学问题解决受到多重因素的影响，主要来源于问题因素和个人因素这两个主、客观方面。问题因素主要指问题本身的类型和表现形式；而个人因素则包括个体的认知结构、元认知水平、认知风格、动机水平等。

3. 化学问题解决的教学

化学问题解决的教学强调以问题解决为主线，倡导学生积极、主动地参与问题解决的全过程。有效地创设使学生获得知识和了解科学方法的问题情境显得尤为重要，不仅需要注重化学学科知识本身的特点，更不可忽视问题情境与学生之间是否产生共鸣，换言之，问题情境的有效创设与学生的情感、态度与价值观密切相关。

在分析探究化学问题解决教学过程中,研究者大多从组织课堂讨论、逐层化解问题等角度进行研究指导教学。也有不少教师与学者关注到化学问题解决的思维过程具有抽象性、难控性,因而开始深入思考如何借助类似思维流程图的模式来引导学生进行问题解决,同时反映学生的思维和表征过程。因此,借助思维支架工具的研究逐渐被引入化学问题解决教学中,以发挥其直观性、可控性的特征,有效地促进学生的问题解决,使其成为一种促进问题发现与解决的使能(empowering)工具,将问题解决过程中的各种思维结构以直观、形象和清晰的结构图示予以表现。

9.2.3 运用思维导图促进化学教学组织形式的转变

(1)变线性为平面辐射性。在化学问题解决中运用思维导图,全过程中教师可以用辐射性的思维导图形式予以表现:①模拟一般问题解决者的解决化学问题过程,在试误中从碰壁到一般方法的发现到特殊方法的总结,用思维导图可以很清楚地表现这一试误过程,使学生的思路打开;②思维导图以辐射性的分支由中心主体展开,可以指导化学问题解决教学,从多角度思考问题,使学生思路不再受局限,更大程度拓展一题多解,挖掘学生思维的最大潜能;③思维导图发散的分支子问题可作为小组讨论研究的中心主题,使得分组形式的教学具有可操作性;④思维导图分支的延伸限度则由学生自己决定,这使学生的分组探究有了一定的组织性、目的明确性,从而易于教学管理。

(2)变单一性结构为立体综合性结构。思维导图放射性思维特点可以促使教师将课堂组织单一性向综合性转变。不同的分支可作为化学问题的不同角度,可以从不同的学科角度来认识化学问题,进行学科的综合,使问题更具真实性。因为在日常生活中,我们在解决生活中与化学紧密相关的问题时,不可能限定在化学学科中解决,而生活中真实条件下的问题具有一定的复杂性,也造成了提出解决问题的方案难以仅运用单一学科知识或方法就能顺利解决[6]。

(3)变孤立性为普遍联系性。思维导图中的每一个关键词主题(subject)都是有前后联系性的,而不是孤立的概念。思维导图运用于化学问题解决教学中则要求教师必须把握问题解决过程中每个化学概念间的联系性,在问题解决过程中为学生逐步展现所涉及的概念彼此间是以怎样的方式联系在一起,从而建立起一个缜密而完备的化学知识体系。

(4)变单一的左脑学习为全脑学习。使用思维导图需要用到色彩和图案,色彩用以加深记忆,词汇、数据、逻辑等与颜色、图案关联起来,在清晰整理自己解决化学问题思维的过程中,大量使用形象生动的图形和容易辨识的符号,而不是单一的文字或化学符号,使左、右大脑协同作用,从而锻炼了学生用左、右脑协作的方式解决化学问题的能力。通过这样的方式,学生学到的不是刻板的公式、化学方程式和生硬的化学概念,而是转化为学生内心感受的一种反映,调动全脑,左、右脑相互促进,更深入、更直接地理解化学知识。

9.3 思维导图制作软件 Mind Manager

传统绘制 Mind Map 的方法是直接用彩笔在白纸上绘制,难以更改且受纸张大小限制。随着科技的飞速发展和信息技术在教学中的应用,开发出许多基于思维导图设计特点的软件,解决了传统手绘思维导图存在的不足,拓宽了思维导图的应用领域,为传统思维导图注入了新的活力。常用的绘图软件有:Inspiration7.5、IHMC、Cmap2.0、Mind Man、Info Map、Activity Map、Visio、Personal Brain、Brainstorm、Mind Manager 等。本书主要介绍由巴赞参与研发的用于制作 Mind Map 的软件 Mind Manager。

Mind Manager 的官方网站 http://www.Mindjet.com 提供了 Mind Manager 的免费试用版,目前的最新版本是 Mind Manager X5 系列。

Mind Manager 在操作上极为便利,在绘制区点击鼠标可以随意进行书写。多种工具栏提供了强大的功能,可以自由调整主题及分支间的层级关系,利用适当的图片和链接并输出成图文并茂的 Word、PowerPoint,甚至一个网站。模式转化区可以轻松地将 Mind Map 进行拆解、组合或进行放映展示。Mind Manager 不仅解决了传统思维导图纸张大小的限制问题,更让整张 Mind Map 活起来,充分发挥个人的无限创意,进行大脑思维过程的可视化展示,提高自己的思维水平,改变传统的思维方式和思考模式,有效地提高学习兴趣和学习效率。鉴于思维导图及 Mind Manager 的诸多优点,我们在课堂教学中尝试应用思维导图及其绘制工具 Mind Manager,有效地提高了学习效率和教学质量,取得了良好的效果。

9.4 应用思维导图开展化学问题解决研究的方法与过程

2008 年 9 月至 2009 年 1 月,我们在南京某中学高一年级以选修课的形式组织学生学习思维导图,开展化学问题解决的行动研究,探索提高学生化学问题解决能力的有效途径。运用问卷调查、搜集学生作业和成果及考试成绩的统计分析等方式来观察其对化学问题解决能力的影响。

9.4.1 行动研究方案的设计

设计采用了"认知接受—模仿练习—自主探究"的过程进行化学问题解决的教学,有 19 名学生选修了一学期 20 学时的课程。课程由介绍与学习思维导图、绘制与掌握思维导图、结合化学史表现化学探究过程和自主探究化学问题解决四个部分组成。

1. 介绍与学习思维导图

通过介绍思维导图，学生体验反思困惑、发现问题、找寻解决方法、开拓思考的问题解决全过程。同时理解思维导图的特点，并观摩思维导图的制作过程。

2. 绘制与掌握思维导图

第一阶段：全体学生通过集体讨论共同参与问题思考，教师手绘思维导图，将学生的想法用思维导图形式表现出来。同时，学生在熟悉思维导图的过程中学会总结思维导图的绘制步骤与基本方法。

第二阶段：学生在教师指导下手绘思维导图，进行化学问题解决。将学生分成 5 组（每组 3~4 人），针对某一化学问题开展小组讨论共同解决，各组用一张思维导图表现思路。

3. 结合化学史表现化学探究过程

将科学家进行化学问题解决的过程通过思维导图的方式表现出来，使学生体会科学家进行化学问题解决时体现的创新思维。要求学生学会使用 Mind Manager X5 软件绘制思维导图，并与手绘思维导图进行比较。

4. 自主探究化学问题解决

提供探究化学问题解决的选题目录，由各小组自行选择，针对选题展开思考，运用思维导图设计解决问题的过程，总结出问题解决的方案，最后由小组代表用 Mind Manager X5 绘图进行汇报。

9.4.2 行动研究案例分析

1. 解决问题表征能力的训练——氯化钠的溶解

将初中教材中溶液的形成与高一教材中离子反应内容进行整合后，以氯化钠的溶解作为思维导图的核心主题，通过学生绘制的思维导图（图 9-2），从不同层面对氯化钠的溶解过程予以理解，用文字表征、图形表征及电离方程式表征反映在思维导图的三个分支上，并针对不同分支进一步分析，扩充对此溶解问题的理解。在次级主题文字表征中，把握其中的核心词汇进行发散；图形表征中，不同分子、原子、离子大小与核外电子排布图的区分而发散开；电离方程式的符号表征中，书写要求作为下一层次的分支。这样使学生对于离子晶体的溶解过程有了全面深入的理解。

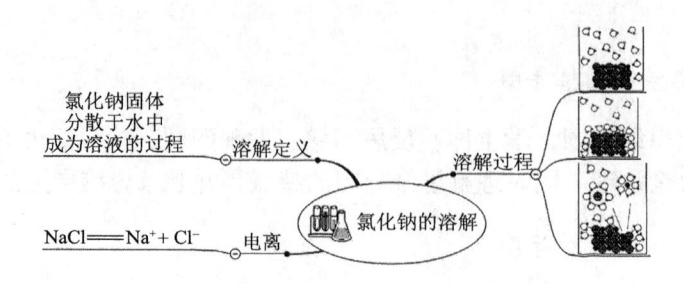

图 9-2　氯化钠的溶解的思维导图

2. 解决问题策略能力的训练——混合物的分离与提纯

"混合物的分离与提纯"是《化学（必修 1）》第一章的内容。在实验基本操作章节中，传统教学往往侧重于向学生介绍过滤、蒸发、蒸馏与萃取的具体实验操作步骤，并归纳出对应于这些操作的混合物特点。学生在解决混合物的分离与提纯问题时，首先将所学的分离方法予以罗列，再尝试是否与需分离的混合物特点相匹配，使得学生对这部分内容的掌握多停留在了记忆层面，而不能有效地解决此类问题。

为转变学生的思维策略，将问题抽象化，使学生不得不考虑物质到底是什么，将学生的关注点转移到对混合物的认识上，在先认识混合物特点与性质的基础上，选定准确的分离与提纯的方法。该思维导图（图 9-3）以此问题为中心，混合物的不同组成（固-固、固-液、液-液）为分支，使学生进一步思考分离这些物质的方

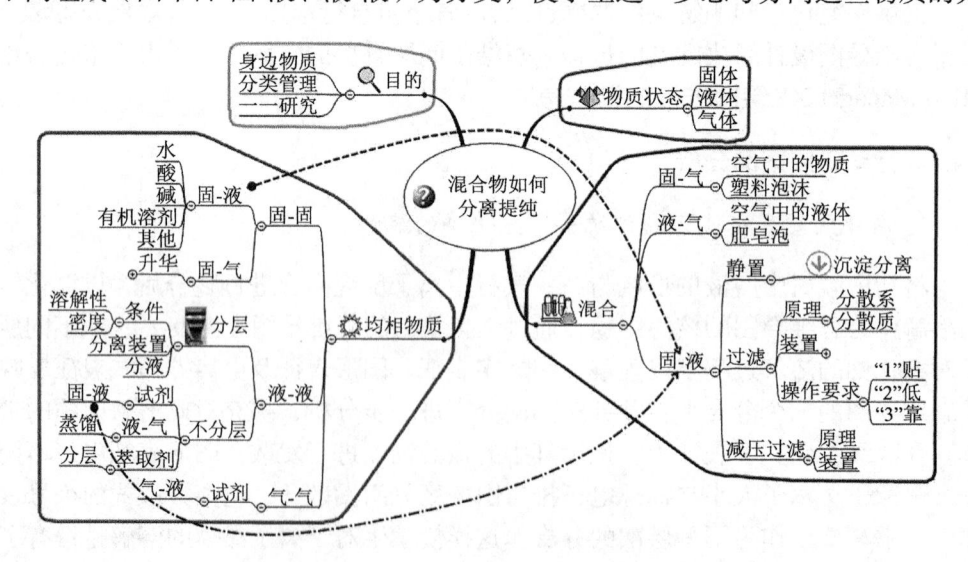

图 9-3　混合物的分离与提纯的思维导图

法，从而认识到这些分离提纯的方法是怎么被发现、发明出来的，真正体会探究化学问题的过程。

9.5 行动研究的结果与讨论

学习结束后，我们对学生化学学习成绩和解决问题过程进行了评价与结果分析。

9.5.1 选修学生学习化学课程成绩的变化

将参加该学校期中考试[①]和期末考试[②]的高一年级学生作为研究对象，总体容量 n = 595，选择参加选修课的学生作为实验组，其样本容量 n_1 = 19，未参加选修课的学生为对照组，其样本容量 n_2 = 576，利用 SPSS 统计软件对他们的期中考试成绩与期末考试成绩进行了分析（表 9-1），实验组平均成绩的提高程度高于对照组，且集中程度也有所提高。

表 9-1　各组两次考试的平均成绩和标准差

	人数/人	期中 平均分	期中 标准差	期末 平均分	期末 标准差	差值 平均分
总体	595	57.945	16.865	59.567	16.159	1.622
实验组	19	62.895	11.493	66.947	11.336	4.052
对照组	576	57.846	16.955	59.324	16.257	1.478

同时，将学生的期中、期末成绩进行了 Z 分数的转换，呈现正态分布，在此基础上，对对照组和实验组进行了 t' 检验（表 9-2）。

表 9-2　两组期中、期末考试成绩方差分析与 t' 检验结果统计

成绩类型	方差齐性检验 F	方差齐性检验 P	t' 检验 t'	t' 检验 P
期中成绩	2.127	0.030	1.782	0.090
期末成绩	2.056	0.036	2.826	0.010

从表 9-2 中可以看出，对照组与实验组的期中成绩的方差检验 F 值为 2.127，得到 F 的单尾临界值 $F_{0.05(19, 576)}$ =1.928，由于 F=2.127>1.928，故要拒绝方差齐性的假设，实验组与对照组所来自的样本方差不等，不具有齐性。因此，针对异

[①] 期中考试卷为由南京市某中学高一化学组编制的期中考试卷
[②] 期末考试卷为由南京市区教研室统一编制的高一化学期末调研试卷

方差的两独立样本进行了 t' 检验，经由 t' 检验得出，$P=0.090>0.05$，说明对照组与实验组的期中成绩没有显著差异。

而对照组与实验组的期末成绩的方差齐性检验 F 值为 2.056，即 $F=2.056>1.928$，同样不具有齐性，故做 t' 检验，得 $P=0.010<0.05$，说明对照组与实验组的期末成绩出现了显著性差异。

将这些学生置于相同教师任教班级的总体样本当中，与未选修的学生期中、期末成绩进行了对比，结果发现选修学生在期中与期末的测试中，化学学习成绩的提升幅度高于班级其他同学。

9.5.2 提高学生化学问题解决能力的行动研究的结果分析

为进一步观察学生的化学问题解决能力的变化，在实施运用思维导图解决化学问题教学过程中针对 S 同学进行了个案分析与研究。

在教学进行到"绘制与掌握思维导图"的第一阶段时，学生已基本掌握思维导图的特点与绘制方法，初步掌握用思维导图来表达问题解决思路，我们以"如何用多种方法证明氢氧化钠和二氧化碳发生了反应"为中心问题让学生进行解决，并用思维导图的形式表现自己的思路与想法，S 同学机绘的思维导图如图 9-4 所示。

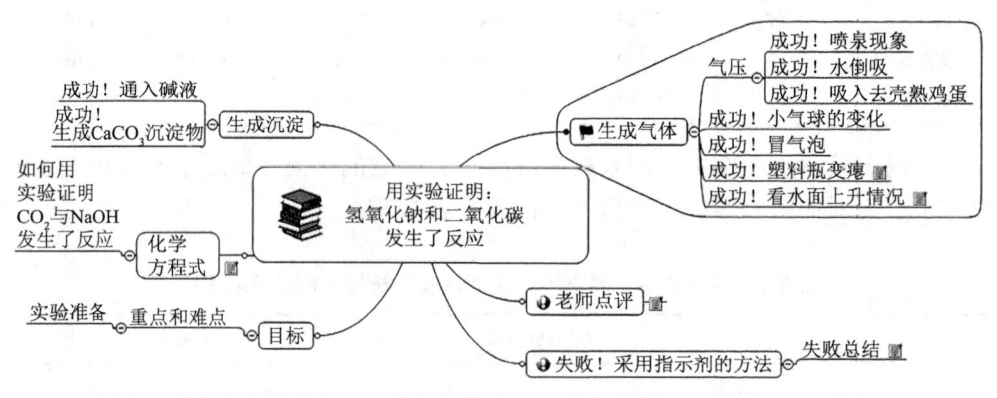

图 9-4　"如何用多种方法证明氢氧化钠和二氧化碳发生了反应"的思维导图

该思维导图的中心主题与次级主题间的关联缺少一定的逻辑性，未能体现出对问题的分析、分解、假设、建模与提出方案等过程，表现了 S 同学还未能梳理清楚解决问题的思路。

在经历过一学期的运用思维导图解决化学问题的选修课教学后，再观察了 S 同学用思维导图表达"如何运用多种方法检验 NaOH 变质"问题解决的过程（图 9-5）。

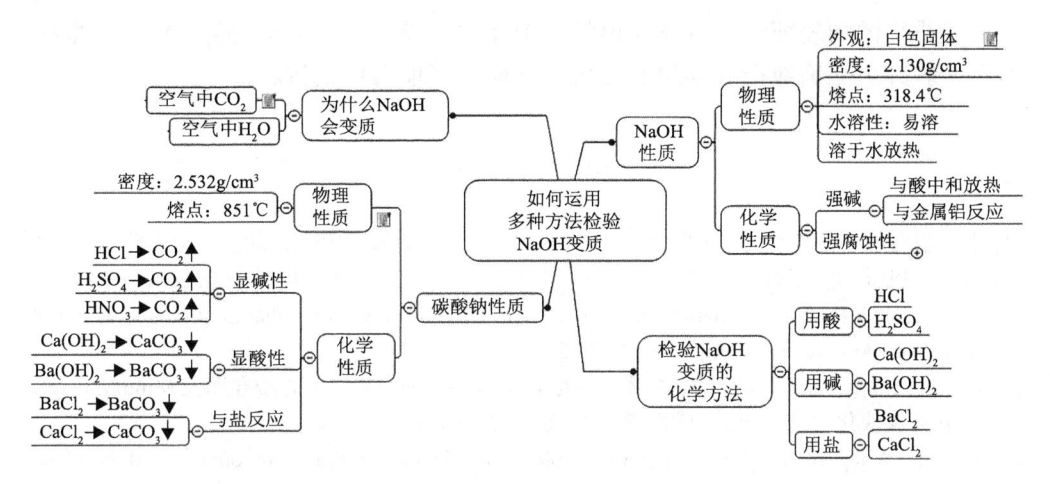

第 9 章　应用思维导图提高学生解决化学问题的能力——化学教学转型探索的行动研究 · 149 ·

图 9-5　"如何运用多种方法检验 NaOH 变质"的思维导图

通过分析思维导图发现，该生已初步建立分析问题的模型，为解决该问题，首先分析 NaOH 的性质，在列举的多种性质中，判断哪个性质是导致 NaOH 变质的最有可能的因素，进而分析产物的性质，并与 NaOH 对比，将问题转换为"检验 NaOH 是否混有少量 Na_2CO_3"，进一步用化学方程式表征两物质不同的特征反应，从而成功地解决问题。

从两幅思维导图的分支层级数可以发现，前者层级数为 3，后者层级数为 7，反映出学生的思维深度及知识建构化程度在加深，表征问题的水平也从语言表述上升为运用化学反应方程式来表达，并且已经建立了问题的思考模型，从分析问题中的关键词到把握问题的核心从而转换问题，变成自己较为熟悉的知识点运用，进而解决问题。

同时，通过对卷面的成绩及稿纸的分析还发现，大多数选修课学生已经将思维导图工具自觉地运用在了平时的化学问题解决中，从中心问题发散开去的形式触发更多的灵感，直观地将自己的思路表达出来，并呈现出多种表征方式，如文字、数字、图形、图表、符号等，这些构成思维导图的基本要素成为触发学生多重表征问题的途径。表明学生经过思维导图的训练，解决问题的思维流畅性和变通能力都得到了提高。

思维导图不仅作为学生学习的思维工具，还可以成为教师进行过程性评价的依据。学生将解决化学问题的思路和涉及的相关概念运用思维导图予以表现，教师很容易从图中观察到学生在概念间的关联上出现的问题，比较学生间思考角度的差异性，如问题表征的正确与否、相关概念的界定是否准确等。

学生思维过程以外显的图式表现，使教师能够对学生思考过程出现的问题给予准确的评价[7]。

思维导图的表征还可以体现出学生个体的差异性,突出学生的个人学习风格,有助于教师更准确地把握学生的变化,从而更好地因材施教。

参 考 文 献

[1] 化学课程标准研制组. 普通高中化学课程标准(实验)解读. 武汉: 湖北教育出版社, 2004: 2.

[2] 托尼·巴赞. 思维导图——放射性思维. 李斯译. 北京: 世界图书出版公司, 2004: 80-87.

[3] Johnstone A H. Why is science difficult to learn? Things are seldom what they seem. Journal of Computer Assisted Learning, 1991, 7: 75-83.

[4] 陆真, 李静雯, 邹正, 等. 信息技术与化学新课程整合的研究——思维导图及 Mind Manager 与化学模块化学习. 中学化学教学参考, 2006, 11: 47-49.

[5] Reid N, Yang M J. The solving of problems in chemistry: the more open-ended problem. Research in Science & Technological Education, 2002, 20(1): 83-98.

[6] Farrand P, Hussain F, Hennessy E. The efficacy of the 'mind map' study technique. Medical Education, 2002, 36: 426-431.

[7] Goodnough K, Long R. Mind Mapping as a flexible assessment tool. Assessment in Science: Practicle Experiences and Education Research, 2002: 219-228.

第 10 章　基于信息技术的数字化视频教学案例研究——课堂结构建模

20 世纪 90 年代起，研究者将课堂教学观察与录像、数字化信息技术进行整合，形成了新的研究策略和方法。数字化视频教学案例具有较好的可再现性与客观性优势，被各国广泛地应用于课堂教学评价的研究项目中[1]。

10.1　数字化视频教学案例研究的进展

德国基尔大学科学和数学教育研究所（德语简称 IPN）开展了大规模的跨国数学与科学课堂教学视频案例的比较研究，研制了课堂教学视频分析软件 Videograph，对多国的课堂教学视频录像进行了定性与定量的比较研究，找出了德国与优秀国家的差距和原因。2003 年启动了国家优先项目"改进和提高数学和理科教学质量"（德语简称 SINUS），实施和推进了德国数学与科学的跨世纪教学改革[2]。

我国的研究团队也开发出了课堂教学视频案例分析软件。2010 年，北京师范大学教育学部教育技术学院张志祯博士开发了时间取样分析软件（简称 tsa）和事件取样分析软件[3]。

时间取样分析软件支持教学视频案例的定性分析和定量分析，并可从分析报告的数据结果回溯到对应视频片段。该软件包括以下功能：教学视频管理、定性分析、教学分析框架管理、定量分析、分析报告、视频案例导出。软件内置了 S-T 分析和 FIAS 分析框架，也可自行设计框架导入，以进行视频教学案例分析。

当前我国正在实施的以模块化结构高中化学课程和新教材，最大的变化是出现了《物质结构与性质》、《化学反应原理》等理论性强的选修模块教材，教学难度和要求大大提高，需要我们通过对优秀的教学视频案例分析来开展化学理论教学规律与课堂教学的组成、结构模型的研究，以支持新课程和科学探究教学的深入实施[4]。

10.2　Videograph 软件简介

10.2.1　Videograph 软件功能概况

Videograph 是课堂教学视频分析专用软件，它是一个可以在 Windows 操作系统下运行的多媒体播放器，在播放视频文件的同时进行数字化处理，使用者可以通过软件的"编码体系"和"等级量表"两种编码方式来评估教学视频内容，评估的视频内容则包括"时间取样"和"事件取样"，系统能够显示视频内容数字处理结果所创建的图形。这些数字化图形可用作统计计算或以图形演示来表达相应的编码内容，并可与SPSS或Excel程序连接进行深入的数据和图形处理。

10.2.2 Videograph软件操作术语简介

（1）"时间取样"及"事件取样"是具体的视频分析内容，"时间取样"即特定事件发生的时长，"事件取样"即发生了什么事件。

（2）转向操作。进行编码时为了区分各个不同事件，要依靠转向操作来实现。如定义了A、B事件，并将其分别编码为0、1，则当A事件发生时按0，B事件发生时按1，进行转向计时。

（3）"编码体系"编码。为分析课堂教学中各种典型的教学活动与模式，探究课堂教学中发生的师生间交往与活动，应用编码体系，对课堂教学活动进行编码。

（4）"等级量表"编码。是对"编码体系"编码的进一步补充，探究课堂中发生事件的程度高低。多采用四点量表形式，并制订详细的评定标准[3]。

10.3 研究过程

10.3.1 优秀化学理论课堂教学视频案例的选取

选取具有鲜明教学特色、示范性强的优秀和专家型化学教师的视频教学案例进行分析，优秀的视频案例应有下列特点：①案例中应包含一个以上的典型教学问题或问题教学情境；②案例应当着重反映一个以上的教学活动主题，如探究学习、师生互动、合作学习等；③案例能够真实详尽地记录教学活动中的师生行为表现和教学策略[5]。

研究选取了"2009年南京市高中化学优质课评比"大赛中获一等奖的六个化学理论教学视频课例（表10-1）作为研究对象。

表10-1 化学理论教学视频案例目录

编号	优秀教学视频案例名称	案例所在的人教版教材目录
1	原电池	选修4《化学反应原理》第四章第一节
2	影响化学反应速率的因素	选修4《化学反应原理》第二章第二节
3	影响化学反应速率的因素	选修4《化学反应原理》第二章第二节

续表

编号	优秀教学视频案例名称	案例所在的人教版教材目录
4	电解原理	选修4《化学反应原理》第四章第三节
5	离子反应	《化学1》第二章第二节
6	氧化还原反应	《化学1》第二章第三节

10.3.2 确定化学理论课堂教学视频案例的编码内容

在对优秀化学理论课堂教学视频案例录像观察和解析的基础上，从师生行为的角度将教学活动分为教师课堂导入、新内容讲授、师生课堂探究、师生课堂探究讨论、课堂练习、课堂小结及其他 7 个部分，分别编码为 1、2、3、4、5、6、0（图 10-1）。其中主体的教学活动又可以分为更细的子活动[6]。

（1）新内容讲授可分为教师启发式讲授、教师直接知识讲授，可编子码为 1、2（图 10-2）。

（2）师生课堂探究可分为教师演示实验探究、学生自主探究，可编子码为 1、2。

（3）师生课堂探究讨论可分为学生小组探究讨论、师生互动问答讨论，可编子码为 1、2。

图 10-1 课堂教学结构编码图　　　图 10-2 新内容讲授子编码图

10.3.3 编码内容数据的采集

应用 Videograph 视频分析软件记录已编码的课堂教学结构各部分时间，进行各编码数据的采集数据处理与输出。综合 6 个化学理论课堂视频教学案例的编码分析采集到如表 10-2～表 10-5 所示的数据。

表 10-2　课堂教学结构各部分的时间比例

课堂教学结构	案例1	案例2	案例3	案例4	案例5	案例6	平均值	标准差
教师课堂导入	3.75%	3.64%	3.72%	3.15%	3.52%	6.95%	4.12%	1.40
新内容讲授	32.74%	37.03%	35.08%	34.74%	37.24%	49.31%	37.68%	5.92
师生课堂探究	7.80%	16.86%	27.96%	31.18%	21.52%	10.94%	19.39%	9.26
师生课堂探究讨论	31.35%	25.58%	23.96%	11.12%	23.36%	15.00%	21.72%	7.38
课堂练习	17.53%	8.10%	5.48%	12.98%	10.08%	13.58%	11.29%	4.30
课堂小结	4.93%	7.95%	1.59%	5.78%	3.28%	3.20%	4.46%	2.25
其他	1.90%	0.85%	2.21%	1.05%	1.00%	1.03%	1.34%	0.57

表 10-3　新内容讲授各部分的时间比例

课堂教学活动	案例1	案例2	案例3	案例4	案例5	案例6	平均值	标准差
教师启发式讲授	4.93%	10.45%	7.93%	19.17%	7.56%	18.91%	11.49%	3.40
教师直接知识讲授	27.81%	26.58%	27.15%	15.57%	29.68%	30.40%	26.19%	4.90

表 10-4　师生课堂探究各部分的时间比例

课堂教学活动	案例1	案例2	案例3	案例4	案例5	案例6	平均值	标准差
教师演示实验探究	7.80%	3.72%	27.96%	0.00%	0.00%	11.01%	8.42%	10.51
学生自主探究	0.00%	13.14%	0.00%	31.18%	21.52%	0.00%	10.97%	13.31

表 10-5　师生课堂探究讨论各部分的时间比例

课堂教学活动	案例1	案例2	案例3	案例4	案例5	案例6	平均值	标准差
学生小组探究讨论	8.51%	8.72%	2.82%	0.00%	1.20%	4.11%	4.32%	6.10
师生互动问答讨论	22.48%	16.56%	21.14%	11.12%	22.16%	10.94%	17.40%	5.82

10.4　对教学视频案例分析数据的解读

从案例分析来看，授课教师大多采用了建构主义为指导思想的科学探究方式进行化学理论教学设计，并与我国传统的接受式科学探究教学方式有效地相互融合，体现出具有共性特征的教学时间结构模型[7]。

（1）课堂引入。课堂导入时间为4.12%，采用"抛锚式"的情景，通过实验、现象或案例定向进入学习主题，引导学生进入"情境认知"学习状态。

（2）新内容讲授。新内容讲授时间为 37.68%，其中教师启发式讲授时间为 11.49%，以"支架式"教学方式展开。借助以前学习的理论框架，激发学生的学习动机，激发疑问，提出问题与解决问题的途径，推动学生进入"最近发展区"的自主建构，达到"顺应"状态。

突出的是教师直接知识讲授时间为 26.19%，为教师启发式讲授的 2 倍多，符合奥苏伯尔所提倡的在学校教学中应当以有意义的接受学习为主来提高学习效率的原则。采用了针对知识学习的接受式探究学习，进行直接讲解。凸显了教师的主导和主动讲授分析，学生能更快地通过新知识的理解，在教师引导和剖析下，进行有效的抽象逻辑思维和演绎。产生认知失衡或认知冲突，激发学习动机，促使学生更深入地参与课程活动，感知新知识与现象超出原有的理解，形成差异与失衡。自觉努力地去改变或提升已有认知结构，达到新的认知平衡。

（3）师生课堂探究。师生课堂探究的时间是 19.39%，其中学生自主探究时间为 10.97%，教师在课堂中让学生自主思考、提出自己的观点或疑问，给予了学生更多独立思考和理解的时间，体现了学生的主体性和互动性。

时间结构分布符合学生的学习心理规律。学生思维的最佳时间是上课后的第 5~30 分钟，学生在这一时间段注意力集中，大脑处于兴奋活跃状态，是课堂教学与理解的最佳时域，因此把最佳时域留给了化学理论教学的主体要素新内容讲授及师生课堂探究[8]。

（4）师生课堂探究讨论。师生课堂探究讨论的时间是 21.72%，其中学生小组探究讨论时间为 4.32%，师生互动问答讨论时间为 17.40%，学生可以和其他同学交流想法和讨论，表达自己的观点，师生之间有了更多的交流活动。采用合作学习的小组形式主动学习教材和解答问题，解决疑难与困惑，进行师生、生生之间的交流与讨论。构成了生动活泼的学习氛围，满足多数学生的教学需求的大班级教学特色。

（5）练习与巩固：课堂练习的时间是 11.29%，课堂小结的时间是 4.46%。通过训练与小结提升，促进学生初步应用所学的知识尝试解决问题，从而加深对新建构理论知识的理解。

此外，其他活动时间是 1.34%，组成了一个完整的化学理论课堂教学结构体系。解读表明江苏高中化学新课程与新教材实施 4 年来，南京地区的教师对课程目标和教材的理解、教学理念的转变、科学探究与建构过程的掌握、教学设计及实施能力有了实质性的变化和显著提高，是令人欣喜的。

10.5 化学理论课堂教学结构模型的初步构建

模型（model）是对现实的抽象概括，对某些真实事件的简化表征，也是对组成结构各个教学要素的时间量表征[9]。研究得出化学理论课堂教学结构模型如表 10-6 和图 10-3 所示。

表 10-6　化学理论课堂教学结构模型

课堂教学结构要素		45min 时间分配		教学目的与任务
教师课堂导入		约 2min		创设情境，明确目标，进入学习认知
新内容讲授	教师启发式讲授	约 15min	约 5min	呈现刺激材料，激发动机，启迪思维
	教师直接知识讲授		约 10min	讲授、引导、演绎推理、认知冲突和构建，进入最近发展区
师生课堂探究	教师演示实验探究	约 10min	约 4min	通过实验与分析，深入微观理解，关注过程，培养探究能力，形成科学态度和方法
	学生自主探究		约 6min	
师生课堂探究讨论	学生小组探究讨论	约 10min	约 2min	合作学习，小组讨论，提出问题与要求
	师生互动问答讨论		约 8min	解决问题和困惑，生生、师生交流，符号与抽象表征观点和结论，反馈互动，统一结论与观点，达到顺应平衡
课堂练习		约 5min		应用知识解决问题，加深理解，训练技能
课堂小结		约 2min		总结提升，巩固强化，布置作业与活动
其他		约 1min		随机进入，机动调整

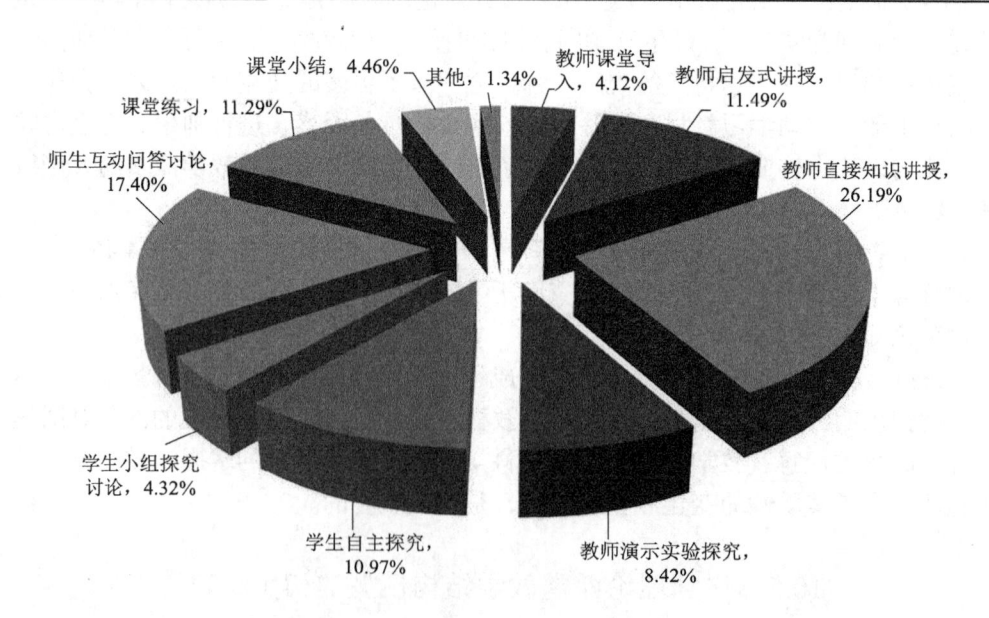

图 10-3　化学理论课堂教学结构模型

研究应用了相关的视频分析软件，从学生学习行为、教师教学行为和师生互动三个主要维度对有效化学教学视频案例进行了分析、解读与比较，初步提出了化学理论课堂教学结构模型。寻求优秀教学过程的内在规律与特征，从中借鉴特定类型的教学策略及其表征，可以更好地将专家型教师的教学经验与广大化学教师分享，达到促进和提高科学探究教学的有效性、提高学生理解水平和思维创新能力、形成科学素养的目标[10]。

参 考 文 献

[1] 傅道春. 优秀教学案例分析: 教师行为研究. 北京: 教育科学出版社, 2001: 45-52.
[2] Seidel T, Prenzel M, Kobarg M. How to run a video study: Technical report of the IPN Video Study. WAXMANM. Verlag GmbH, 2005: 50-52.
[3] 张志祯, 喻凡, 李芒. 课堂教学视频分析软件的设计与实现. 中国电化教育, 2010, 6: 113-116.
[4] 蒋鸣和. 信息技术与课程整合讲座(五): 课堂教学研究的录像分析方法. 计算机教与学. 现代教学, 2004, 10: 4-8.
[5] 王曦. 有效教学和低效教学的课堂行为差异研究. 教育理论与实践, 2000, 9: 50-53.
[6] 张惠英. 浅谈课堂观察. 教育实践与研究, 2008, 5: 39-41.
[7] 张家骥. 新课程理念下数学课堂教学结构分析. 中国教师, 2007, 3: 31-33.
[8] 张俐蓉. 技术与教育整合的案例研究: 课堂教学录像. 电化教育研究, 2004, 5: 66-69.
[9] 余胜泉, 马宁. 论教学结构——答邱崇光先生. 电化教育研究, 2003, 6: 3-7.
[10] 陆真, 李炜琴, 程萍, 等. 视频教学案例在师范生化学教学能力培养中的应用实践——化学学科教育转型之研究报告. 化学教育, 2008, 29(9): 48-51.

第四篇

信息技术与化学课程整合的工具软件介绍

化学专业工具软件在化学教与学中发挥着重要作用。它们将信息技术与化学课程有效地融合在一起，用理念创新教学，用技术"催化"教学，同时促进了教师的"教"与学生的"学"。在众多的化学专业工具软件中，对化学教与学的影响较显著的是 ACD/ChemSketch、仿真化学实验室、化学金排等。因其分别在三维结构绘图、模拟实验及专业文件排版方面的独特功能而成为化学新课程实施中的主导软件，用来解决化学教与学中出现的问题，推进了化学的有效教学进程。

第 11 章 ACD/ChemSketch10.0 简介与应用

11.1 ACD/ChemSketch 软件简介

ACD/ChemSketch 是加拿大高级化学发展有限公司（Advanced Chemistry Development Inc.，ACD）设计的多功能化学分子结构绘制软件包。自 1994 年以来，该软件经历了从 1.0、3.0、3.5 等到现在 10.0 版本的发展和完善，已经成为可以独立使用的绘制化学分子结构式和图形图像的软件包，是目前用于绘制化学结构的专用工具软件。该软件可用来绘制二维、三维化学结构式、原子轨道、化学反应图解、实验装置等，还可以用于与化学相关的报告和出版物。该软件包可单独使用或与其他软件（如 ChemBasic、ACD/I-Lab、ACD/同分异构体等）共同使用实现更加强大的功能[1]。ACD/ChemSketch 有如下主要功能：①结构模式：用于画化学结构和计算它们的性质；②画图模式：用于文本和图像处理；③分子性质模式：可以对以下性质进行估算：相对分子质量、百分组成、摩尔折射率、摩尔体积、等张比容、折光率、表面张力、密度、介电常数、极化率、单一同位素质量，标称相对分子质量和平均分子质量[2]。

ACD/ChemSketch10.0 包含的可免费使用的附件有：①ChemBasic（一种特殊的汇编语言，用户可以使用这个软件来根据自己的需要灵活地设定 ACD 软件的功能，可以从 http://www.acdlabs.com 下载）；②ACD/I-Lab（一种可以从互联网进入的化学数据库和化学性能预测软件，可以从 http://www.acdlabs.com/ilab 进入 I-lab）；③ACD/同分异构体（检查并生成有机结构的最常见的异构体）；④ACD/字典（可以用来查询普通药品名称所对应的分子结构）；⑤ACD/免费化学名称软件（给出有机物、生化结构和无机物的 IUPAC 名称，这个功能是完全免费的 ACD/ChemSketch 附件）。

ACD/ChemSketch10.0 现在可以从 http://www.acdlabs.com/download/chemsk.html 上免费下载，安装后即可使用。还可以在华军软件园下载到这款软件的汉化版（http://www.newhua.com/soft/48100.htm）。

11.2 ACD/ChemSketch 软件的界面

ACD/ChemSketch 软件（以汉化版为例）启动程序后，出现如图 11-1 的界面。

免费版本的 ChemSketch10.0 将出现 ACD 产品滚动图像，点击"确定"或关闭窗口按钮退出对话框，就可以进入工作区。

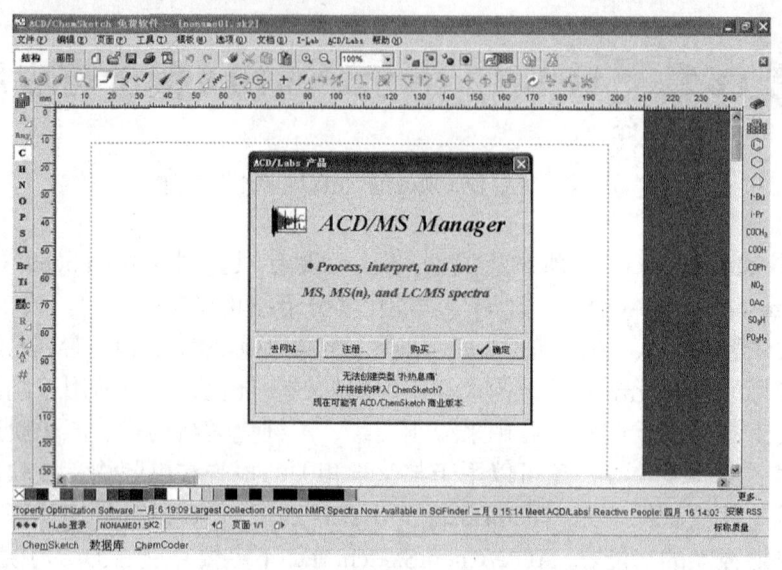

图 11-1　ChemSketch10.0（汉化版）启动界面

工作区分为结构模式和绘图模式。在常用工具栏中选定"结构"便进入结构模式，选定"画图"则进入绘图模式（图 11-2）。

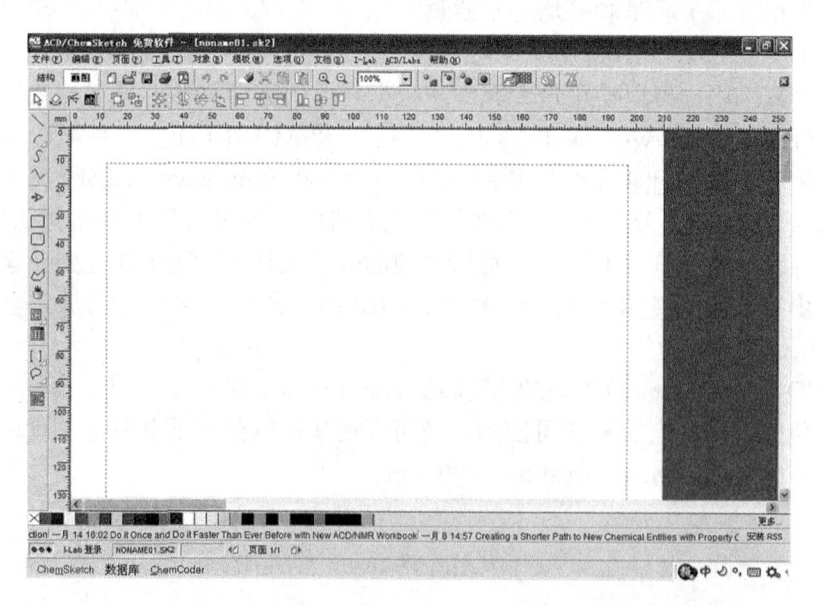

图 11-2　ChemSketch10.0（汉化版）工作区（绘图模式）

11.3　ACD/ChemSketch 在化学教与学中的应用

ACD/ChemSketch 因其很强的绘图功能及特有的 3D 显示功能,有效地呈现了化学的三维空间,使化学立体化,用具体的图像理解抽象的概念,丰富了学生的感知。

在有机化学学习及物质空间结构的理解上,学生会因为空间逻辑思维能力和想象力的缺乏而难以理解和掌握三维分子的空间结构,而有机化学的教学却要求学生构建三维立体的空间概念,分析简单或是稍复杂的物质结构,完成有关的立体判断及空间变换的思维推演[3]。

在化学教师编制化学试卷的过程中,常会被繁杂的三维立体图的绘制工作所困扰;在化学课堂中讲解相关结构分析题时,往往会因为大多数物质结构模型的缺乏而使学生只能靠空间想象去理解问题,成为制约有效教学的因素。

通过 ChemSketch 软件,可以展示出复杂有机化合物的空间结构和 3D 模型,给予学生更强的视觉理解,通过创设"问题情境",激发学生创造性思维,调动学生探究兴趣,帮助学生的理解和学习[4],同时使教师的讲解更生动化和具体化,真正让化学教学返回到可视化的虚拟空间中。学生不再是接受式的学习,而是通过这种形式自主建构对知识意义的理解,便于开展探究性学习,提高学生的学习兴趣和课堂效率[5]。图 11-3 和图 11-4 分别是 D-葡萄糖和核糖的 3D 结构。

图 11-3　D-葡萄糖的 3D 结构　　　　图 11-4　核糖的 3D 结构

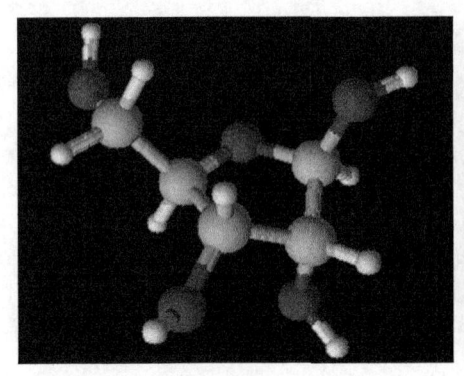

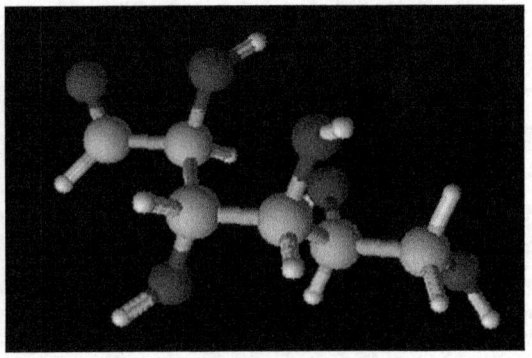

参 考 文 献

[1] 李梦龙, 王智猛, 姜林, 等. 化学软件及其应用. 北京: 化学工业出版社, 2004: 85.
[2] 邹少兰. ACD/ChemSketch 软件在分子结构绘制中的应用. 中小学信息技术教育, 2005, 8: 77-79.

[3] 许妙琼. 分子结构绘制软件——ACD/ChemSketch10.0. 化学教育, 2007, 28(1): 48.
[4] 徐军. 化学教师的得力助手——ACD/ChemSketch1.0 化学软件介绍. 化学教育, 2004, 25(6): 47-48.
[5] 刘晓东, 胡宗球, 潘文慧. 计算机在化学探究性学习中的应用. 化学教学, 2006, 4: 45.

第 12 章 IsIsDraw 软件的使用简介

IsIsDraw 是 IsIs（integrated scientific information system）系列软件的一个组成部分，是 MDL Information Systems Inc. 公司开发的主要用于绘制各种化学分子结构式、化学反应方程式及化工流程图等化学专业图形的绘图软件。它可以绘制高质量的二维分子结构式和反应式，其操作简单，绘制结构的功能强大、智能化（能够判断化学式是否正确并提出更正建议，能够根据原子成键情况调整氢原子数目等）、允许在其他文档（如 Microsoft Word）中插入、支持多种格式的导入导出，在学术、出版和教育领域应用广泛[1]。免费下载网址为：http://download.pchome.net/industry/industry/geography/detail-17098.html。

12.1 IsIsDraw 软件的窗口界面

IsIsDraw 的窗口界面很简单，由上至下依次为标题栏、菜单栏、基本结构模板，右侧为 IsIsDraw 工具栏，左侧空白区域为结构绘制区（图 12-1）。

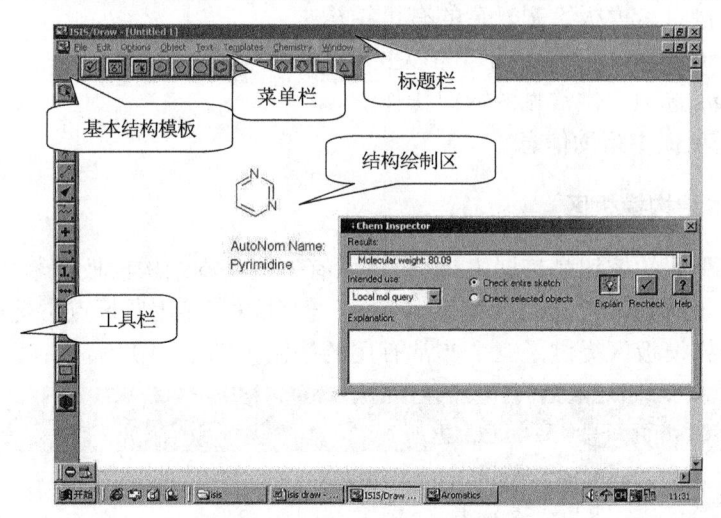

图 12-1 IsIsDraw 界面简介

12.1.1 标题栏、菜单栏简介

IsIsDraw 的标题栏与 Windows 完全一致，显示文档的标题，初次打开 IsIsDraw，默认标题为 Untitled1，要想改变标题可通过 File（文件）选项，另存为命令来执行。

菜单栏从左至右共有 9 个选项：File（文件）、Edit（编辑）、Option（选项）、Object（对象）、Text（文本）、Templates（模板）、Chemistry（化学）、Window（窗口）、Help（帮助），每个选项都有相应的下拉菜单命令（图 12-2）。

图 12-2　IsIsDraw 的标题栏和菜单栏

File 选项可以新建一个工程文件、保存为工程文件、导入导出工程文件，还可以直接打印。

Edit 选项可以将选取按钮选取的部分剪贴到 Word 或 WPS 文件中，从而实现与文字处理软件互相融合。

Option 选项可以改变 IsIsDraw 的基本设置。

Object 选项可以使用旋转、组合等有用的工具对对象进行编辑。

Text 选项可用于文本编辑。

Templates 选项提供了大量的结构模板，包含了有机化学中几乎所有的现成图形，可以直接点击模板绘制复杂的有机结构。

Chemistry 选项提供了与化学相关的一些操作。

Windows 选项提供常见的窗口操作。

Help 选项提供帮助信息。

12.1.2 基本结构模板区

菜单栏下面的按钮是扩展工具栏，里面有一些基本结构模板如苯环、五元环、三元环等，虽然其容量比模板菜单小得多，但可以直接用鼠标点击选用，非常方便，而且结构模板区提供了三个非常有用的按钮（图 12-3）。

图 12-3　结构模板区

选中某一结构式或方程式后，单击化学检查器工具可以检查其书写是否正确。

单击当前结构模板页工具，可以迅速进入上一次通过菜单栏上模板菜单打开的模板页。

单击当前结构模板工具，可直接在结构绘制区单击绘出上一次选中的模板。

单击其余模板工具，可直接在结构绘制区单击绘出该模板。

12.1.3 IsIsDraw 工具栏

左边一列的按钮是基本工具栏，包括选取、旋转、擦除、添加原子符号工具、添加碳键符号、添加立体键、添加碳链工具、反应式加号、反应箭头工具、文本工具、线条工具等（图12-4）。

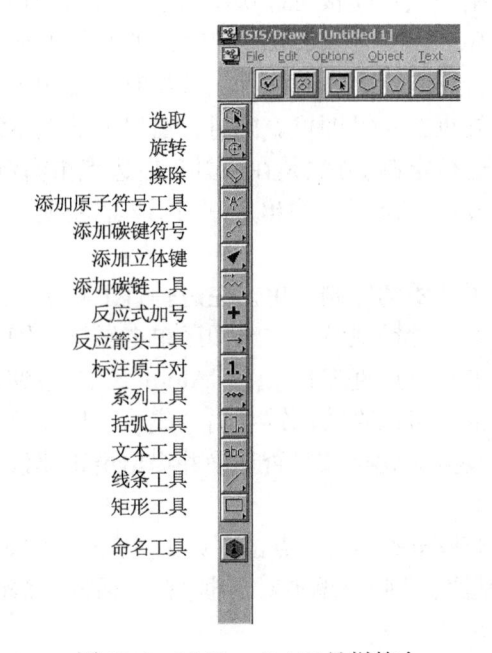

图 12-4 IsIsDraw2.4 工具栏简介

基本工具栏的每个按钮不仅仅是单一的按钮，有些按钮左下角有个小三角，表示该按钮还有其他的隐藏项，只要用鼠标按住该按钮，还会有更多的功能弹出。例如，用鼠标按住反应箭头工具按钮，就会看到各种箭头。将鼠标移动到想用的那种箭头，然后放开鼠标，在左边的空白区域点击一下就可以出现想要的箭头。

12.2 IsIsDraw 基本功能

IsIsDraw 可以很方便地绘制有机结构式、化学方程式、图文混排并可以进行简单的结构式展示。

12.2.1 分子式绘制

基本步骤：①在基本结构模板区或模板菜单中选取相应的官能团，绘出基本框架；②在框架上进行原子、键及分子编辑，绘制出目标结构式；③运行"Chem Inspector"，进行结构式检查，确保所绘结构式的正确性。

说明如下所述。

（1）运用模板画结构式：模板可以从窗口上方基本模板区选取，也可点击菜单栏上"Template"项，下拉菜单中列有程序自带的数十类共几百个模板，从芳环、多元环、羰基化合物到糖、氨基酸等应有尽有，使用十分方便。点击选取后直接在窗口中欲绘制处点击左键即可。同时，窗口上的基本结构模板区也可根据日常研究工作的需要进行定制。方法是在工具条右边点击右键，激活快捷工具栏，选择"Customize Menu And Tool"，弹出定制对话框，将所需官能团移至工具条上点击"OK"。

（2）键、链、原子基团的绘制：单击左边垂直工具条上"Bond"或"Chain"工具按钮，选取单、双、叁键或链，在绘图区单击鼠标左键或按住左键拖动鼠标即可绘制键或链。单击左边垂直工具条上"Atom"工具按钮，在欲绘部位单击左键，即出现文本输入框，可以直接从键盘输入或从下拉菜单中选取欲输入的原子基团。IsIsDraw 可自动判断化学式是否正确并提出更正建议，能够根据原子成键情况调整氢原子数目等。

（3）键、链、原子基团的编辑：点击左边工具条上的"Select"按钮，双击欲编辑的键、链和原子基团，即弹出编辑对话框，在对话框中修改完毕后点击"OK"即可。

（4）结构图的等比例放大或缩小：使用模板工具栏中的模板在窗口中绘制出的图形往往比实际需要的图形大或小，因此常需要进行缩放处理。点击"Select"按钮选中图形后，按住右下角拖动即可放大或缩小结构图，同时右上角出现放大、缩小百分比。松开鼠标后，会弹出一个对话框，询问以后绘制的结构图是否按此比例放大或缩小，这样可以保证所有的结构式均为相同尺寸，以免大小不一。

（5）IsIsDraw2.4 不仅支持二维平面旋转，还可进行 2D 旋转。选中欲旋转的结构式，点击左边工具栏"2DRotate"按钮，鼠标变为旋转符，点击结构式，按住鼠标左键旋转直至满意角度，即可观察化合物的二维空间结构图形，这一功能对化合物进行平面结构的分析是相当有用的。

（6）结构式绘制完毕后，利用程序内嵌的库函数可以方便地计算出相对分子质量及元素分析理论值。选中欲计算的结构式，点击"Chemistry""Calculate Mol Val Uers""Calculate"，即在结构式下方给出计算出的相对分子质量及各元素百分含量，十分方便（图 12-5）。

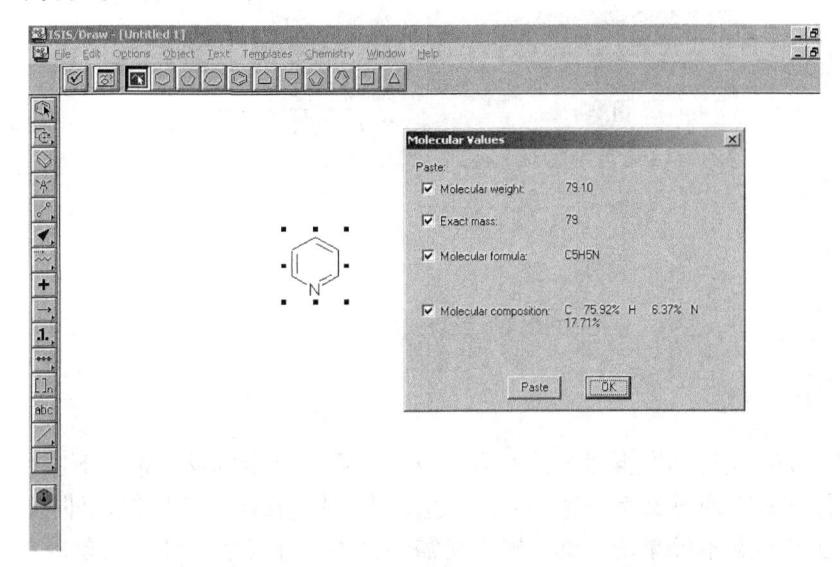

图 12-5　结构式的相对分子质量、元素百分含量的计算

（7）结构式的命名：选中结构式，单击命名工具，即可轻松地给结构式命名。

12.2.2　化学反应方程式的绘制

按上述方法绘出各反应物及生成物的结构式；点击"Arrow""Plus"等工具按钮，在窗口合适位置绘制箭头、加号及其他符号；点击"Select"按钮，选中所有反应物、生成物及加号、箭头等，点击"Object""Group"，将其组合为一个大的图形对象；选中整个反应式，点击菜单栏上的"Chemistry""Run Chem Inspector"，检查反应式的正确性。

（1）反应式的编辑：添加、移动或双击欲修改的结构式即可弹出编辑对话框，在对话框中修改完毕后点击"OK"即可。

（2）反应式的排列：选中欲排列的结构式、箭头、符号等，点击菜单栏上"Object" "Align"，弹出排列对话框，选择排列方式后，点击"OK"。

（3）编辑完成后，运行"Chem Inspector"，检查反应式的正确性，如图 12-6 所示。

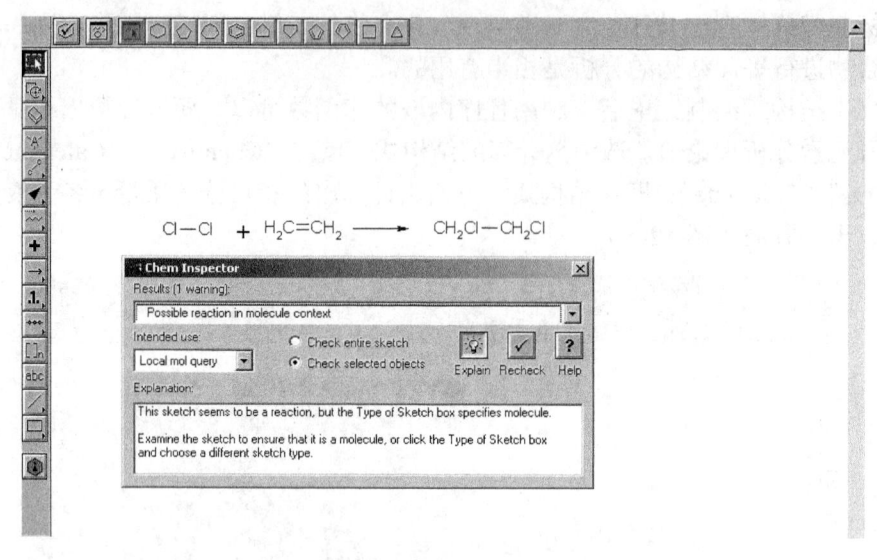

图 12-6　反应式的检查示例

12.2.3　图文混排

IsIsDraw 支持图文混排方式。有的反应式需在一定的反应条件下进行，反应条件的描述只有通过文字表达。点击左边工具栏上"Text"按钮，鼠标即变为"+"字形，在欲写文本处单击左键，输入所需的文本，输完后在任一处单击左键即可（不可回车，否则程序认为在换行）。若双击文本，弹出文本编辑框，同其他文字处理软件一样，可以选择字体、大小、颜色等修改文本属性。修改完毕，点击"Select"按钮，选中结构式及文本。点击菜单栏"Object""Group"，即将结构式与文本组合为一个完整对象，进行整体复制、剪切、粘贴等。

12.2.4　模型图的展示

IsIsDraw2.4 还可以展示出所绘结构式的模型图。首先画一个化学结构式（当然可以从模板中选择），选中结构式，然后选择菜单中的"Chemistry"的"View Molecule in Ras Mol"命令即调出分子模型展示程序 Ras Mol。这时在界面中已出现了结构式，但还不是立体的，选择"Display"菜单中几种演示方法，如球棍模型，选择"Ball & stick"（球棍模型）后呈现的效果。可以把看到的图形保存为各种格式的图片，以便插入其他文字处理软件中。选择菜单中"Export"命令并选择一种图片格式（通常采用 GIF 和 BMP 格式）即可（图 12-7）。

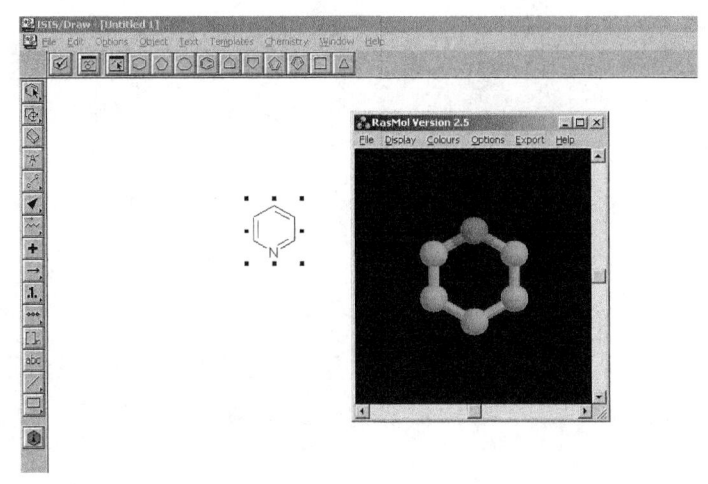

图 12-7 用"View Molecule in Ras Mol"观察的图形

12.3 IsIsDraw 绘图实例

12.3.1 绘制萘的结构式

1. 绘制萘基本结构

步骤：①在基本结构模板区 单击选择模板 ；②单击结构绘制区空白处，即可得到一个苯环 ；③将鼠标移动到苯环的一个键上，此时 IsIsDraw 会用一个框框住所选内容 ，再次单击即得 。

当然，还可以通过选择菜单栏中的 Templates（模板）选项来得到，步骤如下：①单击 Templates 选项弹出下拉菜单；②单击 Aromatics 芳环选项卡；③单击所需模板结构式的任意键，弹出结构模板绘制区，单击空白处即可（图 12-8）。

2. 绘制化学键

步骤：①单击添加碳键符号工具 ；②将鼠标指向奈环的任一原子 ；③单击得到一个单键；④继续单击其余原子，得到 。

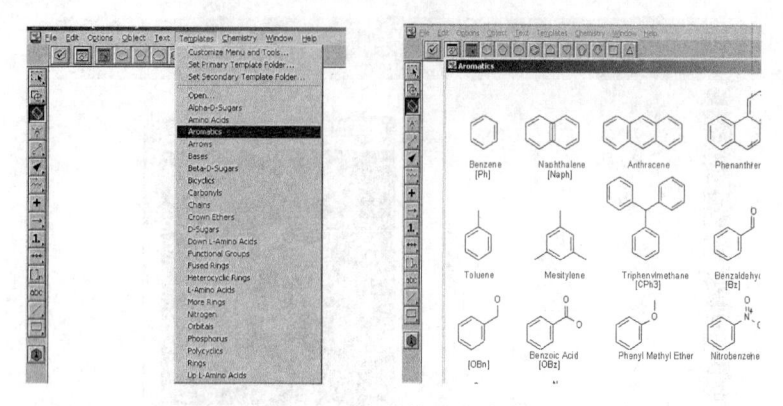

图 12-8　绘制萘基本结构

3. 绘制原子

步骤：①单击添加原子符号工具；②移动鼠标至刚刚画出的键末端；③单击，再下拉列表中选中 H，或直接输入，单击空白处得　　　；④单击其余键端，添加原子符号工具直接给出上次输入的原子 H（图 12-9），按回车即可，最终得　　　。

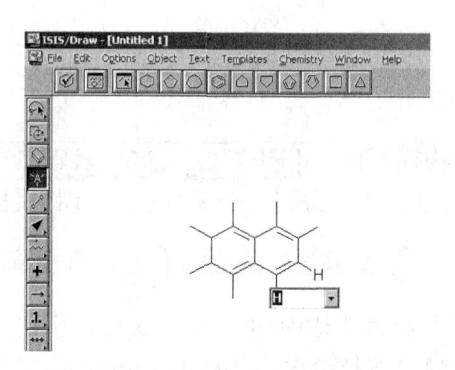

图 12-9　绘制萘分子结构

4. 选择、复制、粘贴

步骤：①单击选取工具　　；②选中所绘结构式　　；③选择"Edit""Copy""Edit""Paste"进行复制、粘贴操作，绘制多个相同结构。

12.3.2 绘制乙烷、乙烯和乙炔

步骤：①单击添加碳键符号工具，拉动鼠标至双键工具；②释放鼠标，指针显示可以绘制双键；③单击结构绘制空白区域，按一定方向拖动鼠标绘制双键══；④单击添加原子符号工具，在双键两端键入 CH_2 得到 $H_2C═CH_2$；⑤仍然选中添加原子符号工具，单击乙烯结构式的双键，即得 $HC≡CH$，再次单击即得 $H_3C—CH_3$，再次单击又可得 $H_2C═CH_2$。

12.3.3 乙烷立体结构的绘制

（1）单击添加碳链工具，单击结构绘制区空白处，按住鼠标拉出一条 4 个原子的碳链。

（2）单击旋转工具，单击结构的任一部分，拖动鼠标旋转该结构，得。

（3）单击添加立体键工具，单击第二个原子，并拖出一个向前的楔形键，得。

（4）单击添加立体键工具并按住鼠标，选择向后的楔形工具，。

（5）再次单击第二个原子，绘出一个向后的楔形键，再次单击该楔形键，可改变其方向。

（6）类似地，可得。

（7）在键端键入原子，即得。

参 考 文 献

[1] 李梦龙，王智猛，姜林，等. 化学软件及其应用. 北京：化学工业出版社，2004: 125-129.

第 13 章　"仿真化学实验室"简介与应用

13.1　"仿真化学实验室"简介

"仿真化学实验室 3.0"由三个模块组成："仿真化学实验室""化学三维分子模型"和"中学化学小百科"。

13.1.1　仿真化学实验室

"仿真化学实验室"模块由化学实验仪器图形模板库、基本的化学操作动态图集、预置的模拟实验和向导工具四个部分组成。

（1）化学实验仪器图形模板库：包括试管、烧杯、酒精灯、铁架台、烧瓶、锥形瓶、集气瓶、漏斗、导管等化学实验的各类仪器图形。

（2）基本的化学操作动态图集：包括添加药品、滴定、溶液的加入和倾出、加热和冷却等化学实验的基本操作动作程序。

（3）预置的模拟实验：包括实验室制氧气、金属活动性顺序、氢气还原氧化铜、实验室制取氯气、酸碱中和滴定、强酸和弱酸的电离等模拟实验。

（4）向导工具：使用者根据实际需要组合成新的模拟实验，大约 10 分钟就可以完成。生成相应的课件具有很好的交互性和编译功能，可以脱离平台独立运行或是生成网络课件在浏览器中运行，也可将课件方便地插入 Authorware、VB 等其他制作工具中。

利用"仿真化学实验室"可以设计制作并运行一系列实验过程：首先搭建实验装置，把需使用的实验仪器置于工作区中并进行组装；然后依次给容器添加相应的化学药品，设置好药品的浓度、质量或物质的量；运行一遍实验后，根据所显示的实验现象再对容器的相关属性进行编辑，调整容器中进行的反应以避免副反应的发生后即可完成操作。

13.1.2　化学三维分子模型

这是一个全三维的、用于分子演示的化学微观结构的平台，不但可以展示 H_2O、NH_3 等分子结构及石墨、金刚石、NaCl 等晶体结构，还能够十分轻松地搭建出各种有机分子的微观模型。含有的官能团库使得各种烷烃、烯烃、醇、醛、羧酸、酯、胺、苯等甚至 TNT 的分子模型都能轻松地搭建出来。该软件有多种展示方式供选择，如球棍模型、比例模型和框架模型。化学教师可以借助该类模型引导学生从不同的角度观察奇妙的化学微观世界。

13.1.3 中学化学小百科

运行"中学化学小百科"后会出现一张元素周期表，点击任意一个元素后在右侧窗口中会出现关于该元素的详细介绍，包括其发现过程、描述、来源、用途等。使用者也可以通过化合物、科学家等分类信息查找所需资料，并将这些信息以网页的格式输出。同时，使用者可以自由地修改或添加所需资料，不断地丰富完善属于自己的"中学化学小百科"。

13.2 "仿真化学实验室"软件的界面

"仿真化学实验室 3.0"的下载网址是 http://www.onlinedown.net/soft/ 4956.htm。

双击"仿真化学实验室"图标，进入界面。该软件的主操作界面如图 13-1 所示，分为主菜单栏、工具快捷方式和文本窗口。

图 13-1 "仿真化学实验室"主操作界面

13.3 "仿真化学实验室"在化学教与学中的应用

"仿真化学实验室"具有在仿真实验操作方面的优秀功能，将其运用于化学教学后体现出信息技术与化学新课程整合的优势作用。模拟的实验环境为学生创设出逼真的实验情境，让学生置身于对真实实验问题的解决过程中，有助于提高学生的实验能力。

"仿真化学实验室"为学生的自主实验设计提供虚拟的实验环境，在仿真实验操作中获得对实验本质的认识和进行实验改进的机会，帮助学生开展探究性实验，增强学生的创新能力。

13.3.1 铜和浓硝酸反应制取二氧化氮的模拟实验

首先，在化学仪器栏中点击"铁架台"图标，在弹出的子菜单中选择所需要的样式，而后在工作区中单击一下，即可把铁架台放于工作区中。右键单击铁架台，可以对其附件进行设置，然后安装圆底烧瓶、分液漏斗、导管等仪器，调整好高度后塞好橡皮塞，把整套实验装置搭建起来（图13-2）。

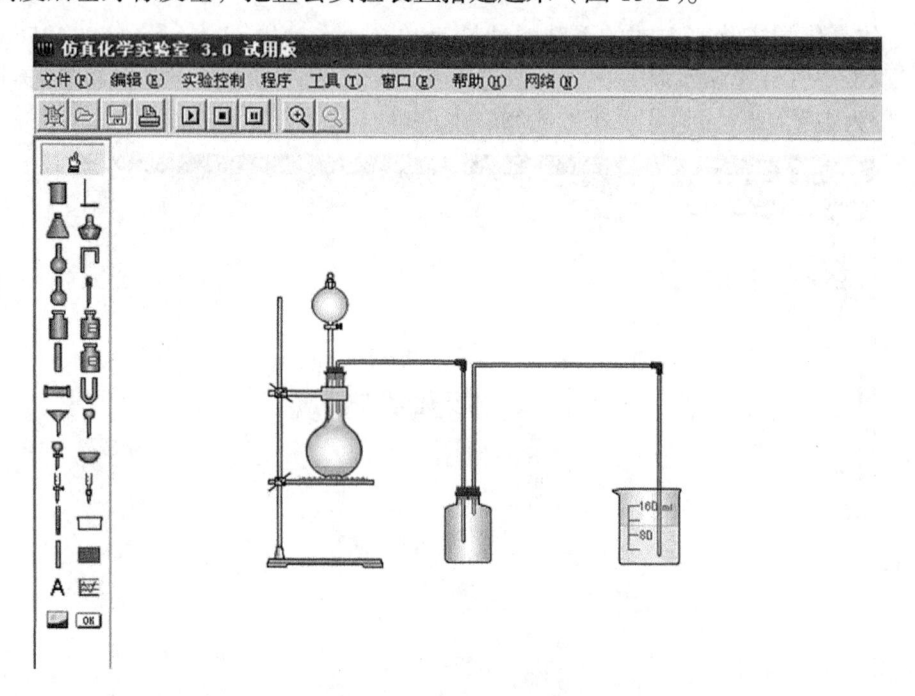

图 13-2 实验操作界面

然后是添加药品，用右键单击需要添加药品的仪器，在弹出的菜单中选择"添加药品"选项。药品分成几类，有固体、液体、气体、溶质、溶液和离子。在分液漏斗中所要添加的是浓硝酸，因此选择"液体"——HNO_3，用量标注为 0.5 mol。用类似的方法，在圆底烧瓶中添加 0.2 mol 铜，并在烧杯中添加 4 mol/L 的 NaOH 溶液 100 mL，即完成了对药品种类及用量的选择和添加操作。

"仿真化学实验室"有智能处理反应的功能，它能根据容器中的药品和环境自动地从方程式中搜索可能存在的反应方程式，并用这些方程式进行计算。在搭建好的实验装置上方，用左键单击工具栏上的运行按钮 ▣，将当前的状态设置为"运行"。然后，用左键点击分液漏斗，分液漏斗右边会出现一排按钮，选择"打开"即可把分液漏斗中的浓硝酸加入装有铜的圆底烧瓶中，反应自动进行。然而，在实验现象中只出现气泡，并没有出现预期的红棕色的二氧化氮气体。这说明软件在智能处理反应的过程中，没有搜索到准确进行的反应方程式。为了达到真实的模拟实验效果，需要重新调整容器中进行的反应方程式来定制反应。右键点击烧瓶选择"属性"，出现容器属性对话框（图 13-3），再选择"容器中的反应"，进行对反应的设置，对于不生成 NO_2 的反应，通过点击"删除"按钮去掉。但是，修改后要将"容器相关设置"下的"智能处理反应"选项置于不选中的状态。再次用左键点击运行按钮，便可出现预期的实验现象[1]。

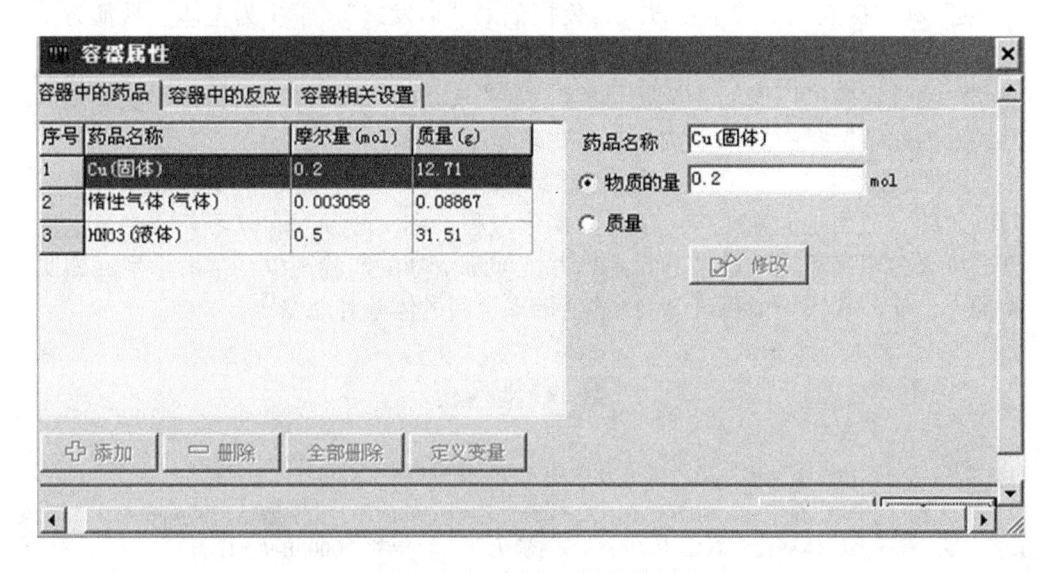

图 13-3 容器属性对话框

13.3.2 氢气还原氧化铜的模拟实验

仿真化学实验室提供了许多中学化学中常见的预置模拟实验，可以直接打开使用。以中学实验氢气还原氧化铜为例。单击"文件"菜单，在下拉菜单中选择"浏览打开"，或者点击 ▣（打开实验按钮），在出现的对话框中选择"氢气还原氧化铜"，打开即可看到如图 13-4 所示的实验界面。运行实验后，随着反应的进行，氧化铜逐渐由黑色变为红色，无水硫酸铜由无色变为蓝色（图 13-5）。

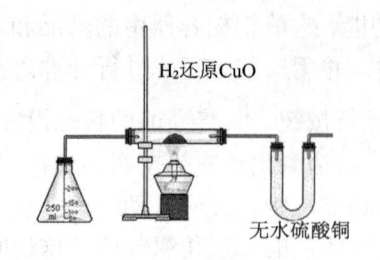

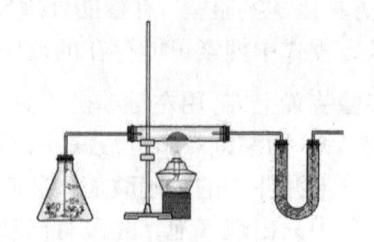

图 13-4　氢气还原氧化铜（实验前）　　图 13-5　氢气还原氧化铜（实验后）

"仿真化学实验室"是专门针对中学化学而设计制作的，它能够真实地反映实验室中的化学实验仪器，并提供预先设置的化学实验。同时，使用者可以根据需要借助实验室向导工具组合成新的模拟实验。仿真化学实验室改变了传统教学中"一人做，大家看"的局面，使学生由过去"被动"和"接受式"的学习方式变为"主动"和"探究式"的学习方式，使提倡的"启发式""学生为主体、教师为主导"的教学方法得到实现。同时，一些难度较大、反应速率快、有毒害、污染环境和危险性实验可以借助"仿真化学实验室"来完成[2]。因而，"仿真化学实验室"已经成为化学课堂中的一个实验交互式教学平台。

"仿真化学实验室"虽然不能替代真实的化学实验，但是能不受客观条件和时间的制约，适用于学生的自主学习和探索过程。在实验预习和复习环节中，这种方法可以为正确掌握实验节约时间，并能演示清晰的实验现象，帮助学生回顾实验操作，使"真实情境再现"，给学生带来全新的体验和感受[3]。

参 考 文 献

[1] 冷松. "仿真化学实验室"软件简介及应用示例. 化学教学, 2006, 11: 33-34.
[2] 刘晓东, 胡宗球, 潘文慧. 计算机在化学探究性学习中的应用. 化学教学, 2006, 4: 45.
[3] 王斌. 浅谈多媒体在化学教学中的应用. 中学化学教学参考, 2000, 8-9: 71.

第 14 章 "化学金排"软件简介与特点

14.1 "化学金排"软件简介及界面

"化学金排"是由金龙软件开发组推出的专门用于编制试题的国产化学工具软件,是基于 Office 平台的一套专业排版辅助软件。

"化学金排"有两种编辑模式,第一种是基于 Word 自动更正功能的"化学金排"模板(图 14-1),这种模式的优点是容易操作,而且可以在 Word 中直接输入;第二种是通过"化学金排"输入窗:在打开化学文档的同时会出现一个浮动的"化学金排"输入窗(图 14-2)。

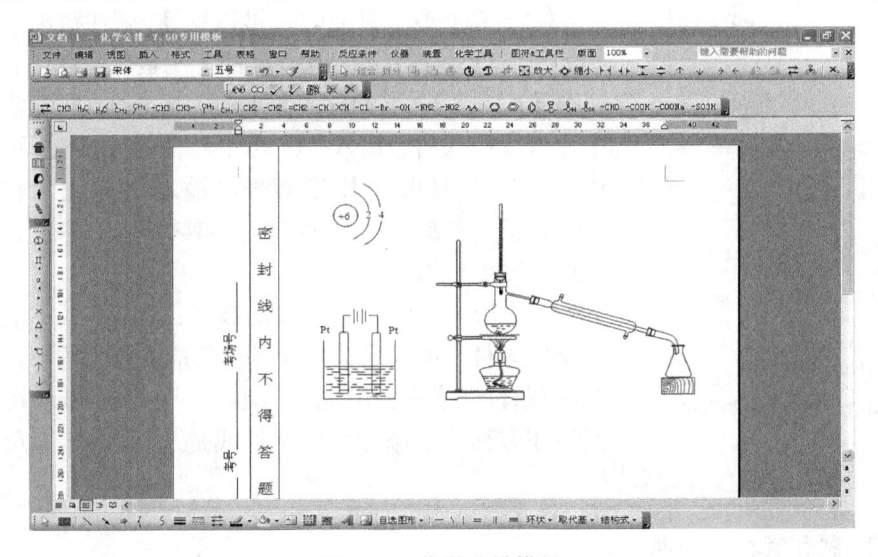

图 14-1 化学金排模板

图 14-2 化学金排输入窗

在光标闪动处可输入化学分子式(不区分大小写,也无需规定上下标),按回车键后,系统会在化学文档中自动生成欲写的分子式,十分方便、快捷。

14.2 "化学金排"的功能简介

14.2.1 在化学符号中的应用

1. 输入化学式、化学方程式

在大写状态下输入，软件自动识别大小写。当在输入窗中回车后，输入窗中的内容将自动转入 Word 中，大小写也会进行正确标注。

（1）输入化学式的技巧：在 Word 以及输入窗中输入化学式时，可以省略化学式中的括号。例如，欲输入硫酸铁和淀粉的化学式，分别直接输入"FE2SO43"和"C6H10O5N"即可。对于有机物，支持许多基团的省略输入："CH3""CH2""CH2CH3""COOH""CHO""C6H5""OH""NO2""NH2""SO3H"等。

（2）输入离子符号时，可以用 L 来代替离子符号中的正、负号，甚至连电荷数都不用输入。例如，输入镁离子时只需输入 MGL 即可。在 Word 或化学输入窗中输入反应式时，输入"\"可以转变为"+"也可用 JZ 代替；"−"号可以用 JF 代替；输入"^"可以转变为"↑"；输入"&"，软件将自动将其转变为"↓"，也可以用 JS\JX 来代替。

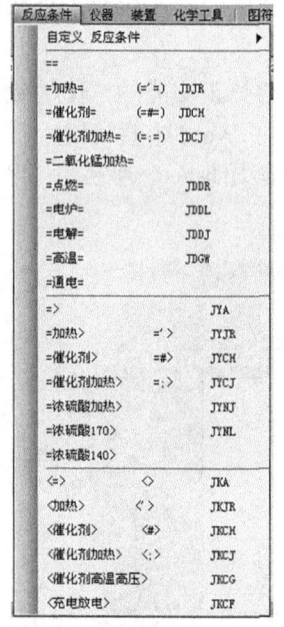

图 14-3 反应条件菜单

（3）输入化学反应条件的技巧：在 Word 中输入化学反应条件，可以用菜单中的"反应条件"项目。单击"反应条件"菜单会出现如图 14-3 所示的菜单，可以方便地在方程式中添加反应条件或是选择"自定义反应条件"来根据需要自行设置[1]。

2. 制作有机物结构

"图符&工具栏"菜单中的"有机基团"面板和"有机基团 3"面板分别用来制作较大和较小的有机结构。在有机基团面板上点击所要制作的有机结构的各个官能团或接近的官能团，然后将其调整到合适位置，最后进行组合即可完成[1]。

3. 输入公式

输入二分之一时可以输入"[1/2]"，输入根号 2 时可以输入"[/2]"。

4. 输入同位素

选择"化学工具"菜单下的"同位素",得到如图 14-4 所示的对话框。在两个空白处填入元素的相对原子质量及质子数,点击"确定"按钮后,系统将以上下标的形式展现出来,然后在化学文档中输入该同位素所对应的符号,即完成对同位素的书写。

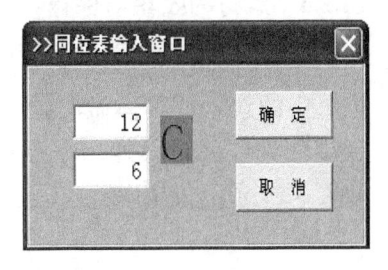

图 14-4　同位素输入窗

5. 化合价的标注

选择"化学工具"菜单下的"化合价标注",出现相应对话框,在对话框中分别输入化合价的数值(注意正负号)和元素符号,点击"确定"后即可完成对元素化合价的标注。

6. 绘制原子结构示意图

选择"化学工具"菜单下的"金排原子结构示意图",出现如图 14-5 所示的对话框。只要在"质子数"一栏中输入某种原子的质子数,在其下的空白处便会自动显示相应数值,点击"确定"后即可完成对该原子结构示意图的绘制。

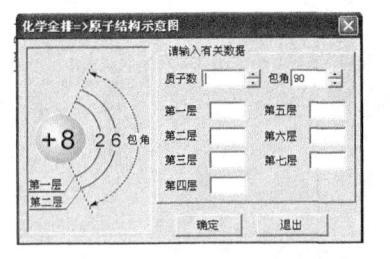

图 14-5　原子结构示意图

14.2.2　仪器、装置图的调用和修改

"化学金排"软件提供了常用的化学仪器及一些实验装置。在化学文档中选择"仪器"或"装置"命令并打开其下拉菜单,从中直接选择所需仪器或实验装置图。中学教师可以直接选择调用这些仪器和装置,无需再花大量的精力绘制仪器。对化学金排中提供的成套装置,如果只需其中的某个仪器或是想改变装置中的某些部分,可以将装置图选中并打散,然后进行相应的修改。

14.2.3　试卷编排及自动组卷

"化学金排"提供了许多试卷模板供调用,排版都由软件自动完成,不仅方便快捷,而且制作出的试卷规范、美观。"化学金排"中含有专门用于编制试题的快捷按钮,直接点击即可在化学文档中创建出相应试卷的各项格式和规范模式,免去了人工绘制的繁杂过程。

该款软件还提供了化学题库供教师参考或应用,化学教师还可以设置试卷难度。"化学金排"可对现成的试题进行排列组合,具有系统自动组卷的功能。

14.2.4 素材的收集与保存

使用浮动图标 ▓（素材提取器）可下载网上的图片、文字等作为"化学金排"中的素材。具体做法是将欲保存的部分选中后直接拖动到该图标上，"化学金排"软件会自动弹出保存对话框，通过指定路径引导使用者将素材保存在对应的文件夹中备用[2]。

14.3 "化学金排"在化学教与学中的应用

14.3.1 快速书写化学方程式

快速书写以下五个反应的化学方程式：

（1）$Al_2(SO_4)_3 + 6NaOH =\!=\!= 2Al(OH)_3\downarrow + 3Na_2SO_4\downarrow$

（2）$Cu + 2Fe^{3+} =\!=\!= Cu^{2+} + 2Fe^{2+}$

（3）$O_2 + 2H_2O + 4e^- =\!=\!= 4OH^-$

（4）$N_2 + 3H_2 \underset{加热}{\overset{催化剂}{\rightleftharpoons}} 2NH_3$

（5）$2H_2(g) + O_2(g) \xrightarrow{点燃} 2H_2O(g) + 483.6kJ$

14.3.2 组合复杂有机物

（1）萘环结构，含 OH 和 COOH 取代基

（2）$\left[\begin{array}{c}CH_3 \\ -C-CH_2- \\ | \\ C_6H_5\end{array}\right]_n$

14.3.3 组合化学装置

图 14-6 是利用"化学金排"组装的一个简单的实验装置图。其中包括固-液加热气体发生装置、硬质玻璃管、洗气瓶及尾气吸收装置。将所需的各个部分在"装置"菜单中选出后可以快速组合，结合"旋转""缩放"功能，最终可以达到满意效果。若要组合更复杂的装置，可选择"仪器"菜单中丰富的化学实验零部件进行自由组合。至于各部分的文字注释则可通过点击"无边框文本框"，将其中弹出的"文字"二字改为想要的文字，再与装置图组合起来即可完成。

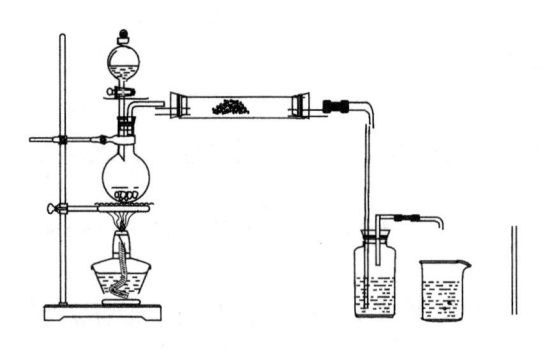

图 14-6　实验装置图

14.3.4　快速组卷

编制试卷对化学教师来说一直是一件很烦琐的事情，因为教学时间非常紧张，而且上机绘制试卷的难度较大。基于 Word 平台的"化学金排"软件操作简便，教师学起来也轻松。书写化学方程式不用管上下标，题头自动给出，自动排版设计。其中预置的初高中几乎所有的实验仪器、原子结构示意图、电子转移图、元素符号等都可以自由选择，满足了编制高质量化学试卷的要求，真正成为化学教师的好助手。

可见，化学专业软件具有较强的教育功能性，可为化学教学与研究提供极大的便利[2]。信息技术服务于化学学科的教与学，不仅使学生的学习更加轻松、有效，同时也使得教师的教不仅为学服务，更为教而不断创新。化学专业软件融合于化学课程为化学新课程注入了新的活力，为学生的探索实践和教师的自我提升提供了更广阔的平台。

参 考 文 献

[1] 侯汇明. "化学金排"软件简介及用法举隅. 化学教学, 2005, 1-2: 95.
[2] 李立, 冉鸣, 万莉. 化学金排——化学教育工作者的好帮手. 中学化学教学参考, 2006, 5: 34-36.

第 15 章　化学教学文档制作软件 Science Word 的使用

以学生学习过程为主体的教学情景创设与教学设计需要化学教师更多地自主设计和编辑与化学新课程教学相关的课件、导学案例和命题，以及制作教学资源库等需要大量的、符合专业要求的电子文档材料，这些已经成为化学教师工作中的常态任务。

化学方程式书写及反应条件的标注、化学实验仪器的绘制、有机化学结构式的录入、原子结构示意图的绘制等是普通文字处理或图形工作软件难以胜任的。以往我国化学教育工作者多使用国外开发的一些工具软件，如 IsIsDraw、ChemOffice 等，但在进行深度应用和创新开发时，往往受到语言、版权和系统的限制，因此希望能够有更好的国产软件的支持[1]。

在国产化的化学专业编辑软件中，北京星火燎原软件公司开发的 Science Word 是一个具有自主知识产权的科技文档处理系统。它成功地解决了数理化公式、图形、曲线、符号和文字的混合编排。化学教师稍加训练就可以轻松地编写化学教学案、试卷、实验装置图形和教学研究论文，成为大家关注并有广泛应用前景的热门软件（下载地址：http://www.novoasoft.com/ds/）。

15.1　Science Word 编制化学教学文档的优势

Science Word 在整合文字处理和化学专业标准要求方面具有以下优点。

（1）提出"非线性文档"的概念。首创了"复合字符"技术，弥补了经典的 Microsoft Word "线性文档"的不足，满足了编辑具有各种公式、图形及各种形式关联和逻辑关联的复杂结构文档的需要。

（2）提供了各种实验装置的单元图形，如铁架台、烧瓶、试管等，可以帮助化学教师方便快捷地完成化学实验装置图或实验仪器的绘制。

（3）提供了方便、灵活的原子结构示意图、离子结构示意图的编辑功能。

（4）提供了丰富的化学键、结构形状、官能团、根等一系列基本结构，可以轻松地构造有机分子或复杂分子结构。

（5）提供了扩展图形库，教师可以将自己设计创建好的图形对象或成组图形保存在扩展图形库中，形成个人风格的图形资源库，方便今后的使用[2]。

15.2 化学反应式、实验仪器的绘制

15.2.1 输入化学方程式

在用 Science Word 输入化学符号时，可以很方便地进行上下标的标注、条件、化合价的输入。使用快捷键"Ctrl+M"可以输入下标，"Ctrl+W"输入上标。用"科技公式工具栏"中的"标签箭头模板"输入反应条件，"数学符号工具栏"输入"△"、"↑"符号。例如，输入化学方程式 $2KClO_3 \xrightarrow[\triangle]{MnO_2} 2KCl + 3O_2 \uparrow$。Science Word 中文字、符号、公式设计成统一的"字符"，具备文字处理中的字体、字号、颜色等功能。

15.2.2 绘制化学实验图

化学实验图的绘制是通过各个化学元器件和化学元器件上的控制点及导管等图形连接而成，提供了丰富的化学元器件图形（图 15-1），选择视图工具栏中的"任务窗格"打开"任务面板"，在其中选择"理科图形"打开"化学元器件"功能模块。包含的化学元件有铁架台、蒸馏烧瓶、集气瓶、水槽、锥形瓶、分液漏斗、容量瓶、启普发生器、酒精喷灯等数十种仪器图形。应用该功能模块可以方便地绘制各种实验装置图（图 15-2）。

图 15-1 化学元器件

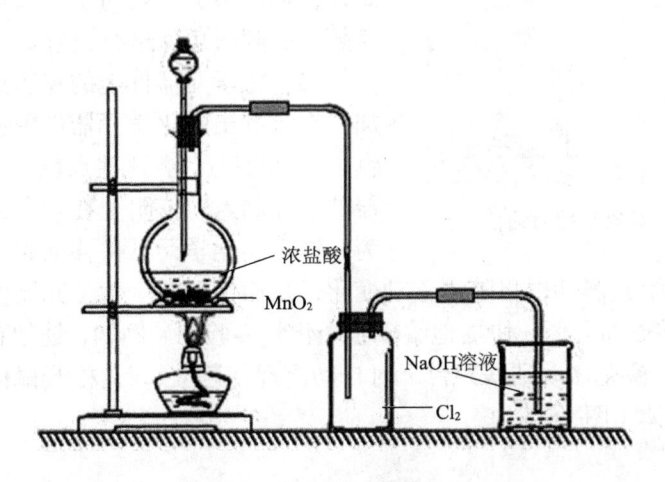

图 15-2 实验室制取氯气

（1）绘制化学元器件。选择所需化学元器件，如铁架台、试管、铁夹等，单击图标，图标变成"✎"形状，移动鼠标到工作区，单击鼠标左键拖动即可。

（2）化学元器件中相关部件的调整。在化学元器件中，结合部件要相互匹配，需要调整某一个化学元器件中部件的位置，以满足要求。例如，铁夹在夹试管时，铁夹宽度要与试管的大小匹配。

（3）化学元器件中液体的控制。可以直接调整液体的容量；通过属性可以设置不同颜色及网纹方式；选中仪器使用"几何作图工具栏"的"旋转对象开关"，旋转仪器时，液面也随之变化（图15-3）。

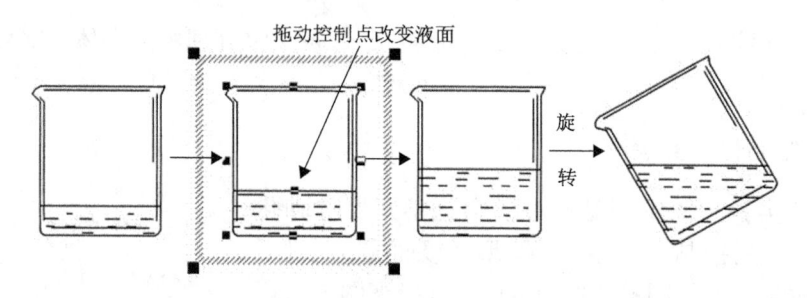

图 15-3 装置中液面的控制

（4）化学元器件属性设置。单击选中化学元器件（如试管、锥形瓶等），单击右键选择"属性"进入"对象属性"对话框（图 15-4）进行设置，如图选中塞子即可自动添加塞子。自定义部件根据仪器不同有所不同。此外，可以根据需要对实验仪器的轮廓线、填充颜色、倾斜角度进行设置。

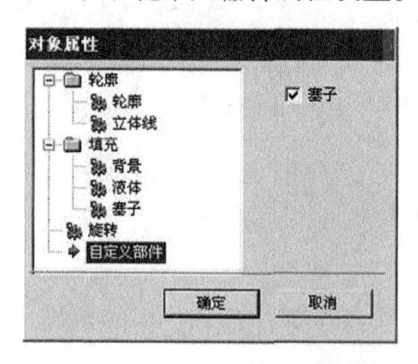

图 15-4 对象属性对话框

（5）化学元器件上的控制点及控制点的增加。在绘制出的化学元器件中包含很多带有红色"×"的"点"，这些点就是控制点。化学元器件上控制点"依附"在化学元器件上，并融为一体。当化学元器件移动时，通过控制点连接的其他化学元器件也将随之移动变化，从而保证各个化学元器件之间的"关联关系"，能够更加方便、快捷地编辑整个化学实验图。例如，铁架台与其附件（铁夹、铁圈），铁夹移动到铁架台上时自动出现红色"×"，松开鼠标铁夹就会与铁架台融为一体（图 15-5）。

第 15 章　化学教学文档制作软件 Science Word 的使用　　·187·

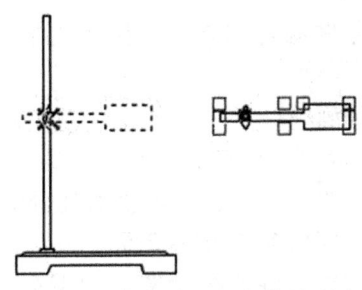

图 15-5　铁架台及铁夹的控制点

有些化学元器件没有提供使导管自动连接吸附的控制点，可以打开"几何作图工具栏"，选中化学元器件，"几何作图工具栏"出现"创建连接点"图标"×"，单击这个图标，移动鼠标到化学元器件上的连接导管的位置，然后按鼠标左键即会出现红色"○"，当将导管一端靠近化学元器件上增加的连接点（控制点）时，控制点将变成一个红色"×"。松开鼠标，导管将连接在化学元器件上，并保持关联关系。化学元器件如果移动，导管将自动伸长或缩短[3]。

15.3　化学实验装置图和分子原子结构图的绘制

15.3.1　绘制化学实验装置图

下面以典型的实验室制取氯气为例，展示如何绘制氯气制取和收集装置。

（1）单击化学元件 ，鼠标变成" "形状，移动鼠标到工作区，单击鼠标左键画出铁架台。用同样的方法绘制其他所需仪器（图 15-6）。

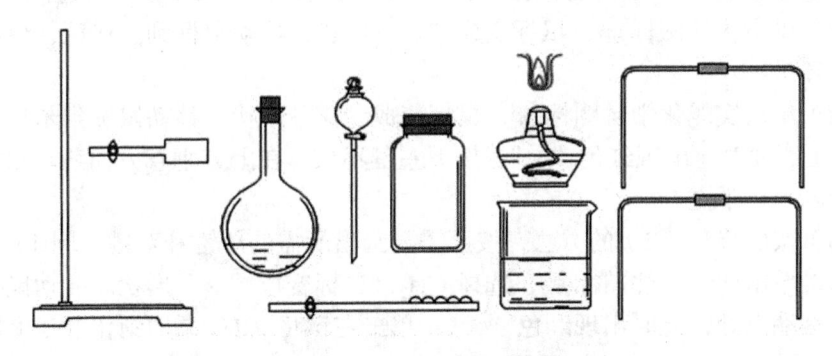

图 15-6　实验室制取氯气所需仪器

（2）打开"几何作图工具栏"，选中圆底烧瓶，"几何作图工具栏"出现创建连接点图标"×"，单击这个图标，移动鼠标到圆底烧瓶上的连接导管的位置，然后按鼠标左键即可。依此法在集气瓶、烧杯上合适位置创建连接点。

（3）通过相关化学元器件融合和导管连接将化学元器件组成完整的化学实验图。

　　a. 将酒精灯火焰移动到酒精灯上，当出现红色"×"时松开鼠标，火焰自动吸附在酒精灯上。将酒精灯移动到铁架台的合适位置。
　　b. 将铁夹、铁圈融合到铁架台上，并调整到合适位置和大小。
　　c. 将烧瓶、集气瓶、烧杯移动到合适位置。
　　d. 将导管移动到合适位置，将导管的端点分别移动到烧瓶、集气瓶、烧杯上创建连接点的位置。

（4）将化学元器件连接为一个整体后，通过鼠标调整和键盘微移的方式调整化学元器件的位置和比例关系。最后对化学元器件进行标注，获得如图 15-2 所示的实验装置图。

15.3.2　绘制分子化学结构式

在 Science Word 的化学模板工具栏中，可以输入化学键、基团（原子、原子团等）、苯环等组成的化学结构式。在视图菜单栏中选择工具栏中的"有机化合物分子结构式"打开"化学模板工具栏"（图 15-7）。

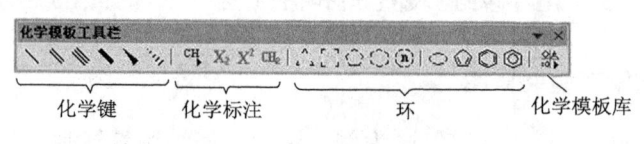

图 15-7　化学模板工具栏

以创建图 15-8 所示的有机化合物分子结构式为例，操作如下所述。

（1）单击苯环图标，鼠标变成"✎"形状，移动鼠标到工作区，单击左键画出苯环。

（2）单击实线化学键图标，鼠标变成"✎"形状，移动鼠标到苯环的上方 C 原子上，此时，出现红色"×"，按下左键不放，在上方垂直方向移动鼠标，松开鼠标画出化学键。

（3）按照步骤（2）的方法，按照需要画出所需的单键和双键（图 15-9）。

（4）单击化学标注图标，选择 CH_2，鼠标变成"✎"形状。移动鼠标到所需化学键端点处，此时出现红色"×"，单击左键将 CH_2 添加到化学键上端。选中"CH_2"，单击右键，选择属性对话框可以对"CH_2"的文字排列方向、颜色、字体、大小进行设置。

（5）按照步骤（4）将"CH""NH_2""C""OH""O"添加到所需位置并进行属性设置。

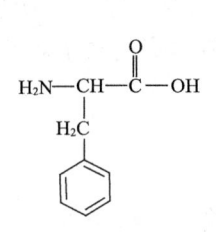

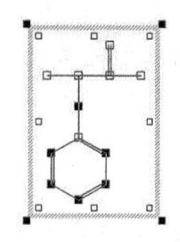

图 15-8　分子结构图　　　　图 15-9　创建分子结构图

15.3.3　绘制原子结构示意图

以铁元素为例，可以通过如下两步获得铁原子结构示意图。

（1）鼠标左键单击化学器件中"原子结构示意图"，鼠标变成"✐"形状，移动鼠标到工作区，单击左键画出原子结构示意图（图 15-10）。

（2）设置属性。选中原子结构示意图后，单击鼠标右键，选择"属性"，出现"对象属性"对话框，修改相关设置（图 15-11）。

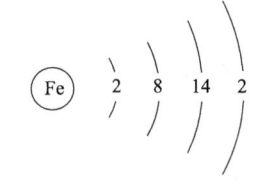

图 15-10　铁原子结构示意图

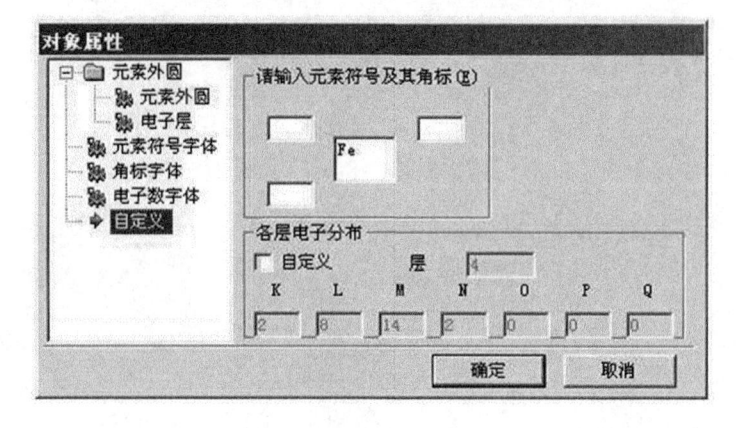

图 15-11　元素属性设置

选中自定义，将 Fe 改为+11，输入 K、L、M 层电子数 2、8、1，就可以获得钠原子结构示意图（图 15-12）。

随着社会的发展和信息技术的不断革新，教育教学开始向现代化、无纸化、无粉尘、环保方向发展。计算机在教学中的运用不断深入。Science Word 具有

图 15-12　钠原子结构示意图

熟悉的 Word 工作界面，但比 Word 具有更明显的专业性，成为化学教师备课、制卷、编写论文、课件制作等的极好助手，能有效地提高教学效益和质量[4]。

参 考 文 献

[1] 李虹. 应用 Science Word 编写电子教案. 中小学实验与装备, 2007, 17(6): 28-29.
[2] 周仁碧. 应用 Science Word 编制教学文档. 教育信息技术, 2009, 6: 62-63.
[3] 崔书华, 于金秀. 利用化学实验图库绘制实验装置图. 化学教育, 2009, 30(11): 53-55.
[4] 乔阳. 浅谈 Science Word 软件在教学应用中的价值. 中国信息技术教育, 2010, 6: 100.